Men Should Weep

by

Ena Lamont Stewart

7 : 84 Publications
58 Queen Street, Edinburgh

First published in this edition in 1983 by 7:84 Publications, 58 Queen Street, Edinburgh EH2 3NS.

Designed and typeset by Alan Marshall, la Pensée Sauvage, 20 Rue Humbert II, 38000 Grenoble.

Printed by Aberdeen People's Press Ltd., 163 King Street, Aberdeen.

ISBN 0 906074 20 7

Men Should Weep was first produced by Glasgow Unity Theatre in association with the Arts Council of Great Britain, in the Athenaeum Theatre, Glasgow on the 30th January, 1947. It was directed by Robert Mitchell with the following cast:

Maggie Morrison	BERTHA COOPER
John Morrison	CHARLES DINNING
Granny	ANNA WELSH
Alec	TOM SCOTT
Jenny	SHENAH DALGLEISH
Edie	KATE DONALDSON
Ernest	JOE ROBLEY
Lily Gibb	MAISIE HILL
Isa	LILIAN PATERSON
Mrs. Wilson	ALREA EDWARDS
Mrs. Harris	ELSPETH CAMERON
Mrs. Bone	AGNES MURRAY
Lizzie Morrison	ELIZABETH GRAY
1st Removal Man	EDWARD BOYD
2nd Removal Man	ARNOLD DUNN

Subsequent productions at Glasgow Queen's Theatre, Edinburgh Little Theatre, London Embassy and Glasgow Theatre Royal included the following Scottish Players: BETTY HENDERSON, JACK STEWART, RUSSELL HUNTER, EVELINE GARRATT, SYBIL THOMSON, MARJORIE THOMSON, CARL WILLIAMSON and ANTHONY CURRIE.

From *The Scotsman*: "The audience felt at times that they were eavesdropping, so natural were the comings and goings and the see-sawing between comedy and tragedy." (Edinburgh)

From *Robert McLellan* (in a letter) "I don't think I have been so moved by anything in the theatre since I saw the Abbey Theatre, then at the height of their powers, in "The Plough and the Stars". The unbeatable courage of the mother came over powerfully, bringing sheer beauty out of the sordid scene ... " (Theatre Royal)

From *Robert Mitchell* (in a letter) "On the first night we had a tremendous reception, the audience cheering and whistling, and every performance since has had a very big reception ... " (Embassy)

From *David Lewin* in *The Express*: "I didn't understand quarter of the Glasgow Unity Players' dialect in last night's human tragedy, but I loved every minute of it. When life is presented in such human terms words are not important ... " (Embassy)

Men Should Weep by Ena Lamont Stewart was revived by 7:84 Company Scotland at the Mitchell Theatre, Glasgow on 4 May 1982 with the following cast:

John	DAVID ANDERSON
Lizzie	GINNI BARLOW
Granny	JO CAMERON BROWN
Mrs. Harris	MARY-ANN COBURN
Maggie	ELIZABETH MACLENNAN
Jenny	LINDA MUCHAN
Alec	LAURENCE RUDIC
Isa	JUDITH SWEENEY
Lily	JAN WILSON

Directed by GILES HAVERGAL
Designed by GEOFF ROSE
Lighting by GERRY JENKINSON
Producer JOHN McGRATH

Men Should Weep was originally published by the Scottish Society of Playwrights, 37 Otago Street, Glasgow G12 8JJ.

First printing   May 1981
Second printing   May 1982
Third printing   August 1982

MEN SHOULD WEEP

by Ena Lamont Stewart

Characters

Maggie Morrison
John Morrison .... *her husband*
Granny Morrison .... *his mother*
Lily Gibb .... *Maggie's sister*
Alec
Jenny
Edie
Ernest .... *the family*
Marina
Christopher .... *the babies (voices)*
Isa .... *Alec's wife*
Mrs. Wilson
Mrs. Harris
Mrs. Bone .... *neighbours*
Lizzie .... *Maggie's sister-in-law*
1st removal man
2nd removal man

The Scene is laid in the kitchen of the Morrison home in the east end of Glasgow.

Time: the nineteen thirties.

ACT ONE

ACT TWO

ACT THREE

ACT ONE

Scene one

Scene: *The kitchen of the Morrison's home in the east end of Glasgow.*

Time: *The nineteen-thirties.*

Right centre: a window with a sink beneath: below this a door to bedroom. Back centre: kitchen range. Left centre: bed recess, curtained: below this door to outside landing. Another door to left of range leads to another room referred to as "the back parlour".

Nappies hang on a string across the fireplace and the table, dresser, etc., are in a clutter.

Christopher, the owner of the nappies is asleep behind the closed curtains with Marina. These children are heard but not seen.

Granny, a shawl over her shoulders is down left in her rocking chair, sucking a sweetie. All that can be seen of Maggie is her posterior as she hangs out of the window.

MAGGIE: Edie! Ernie! Wull yous two come in oot o that when ye're tellt! If I've got tae cry on ye again, it'll be the worse for ye, I'm tellin ye.
(She sinks into a chair and sighs, then yawns widely.)

GRANNY: *(Giving a companionable yawn)* Eh deary, deary me! *(Singing, none too tunefully)* "When the weary seekin rest to thy goodness flee, when the heavy-laden ... ...

MAGGIE: Aw, cut oot the music, Granny, ma heid's splittin. Time you wis in yer bed.

GRANNY: No yet, Maggie. No yet. The nicht's ower lang when ye're aul.

MAGGIE: I canna be as aul as I feel then, for the nicht's a Hell o a sight tae short for me; seems I'm no sooner in ma bed than I've tae rise. It's a right for you wi naethin tae dae

[7]

but sit there an gant.

GRANNY: Aye ... ... that's a I'm fit for noo! Sittin an gantin.

MAGGIE: I wish ye could pit yersel tae bed. Ye're as much bother as anither wean.

GRANNY: That's right, cest up whit ye're daein for yer man's aul mither! *(Whining and rocking)* oh, it's a terrible thing tae be aul wi naebody wantin yae. Oh, it's time I wisna here!

MAGGIE: Time I wisna here tae; I should be reddin up the place a bit afore Lily comes. Right enough, if a woman did everythin that ought tae be done aboot the hoose, she'd go on a day an a night till she drapped doon deid.

GRANNY: Eh? Whit's that, Maggie? Wha's drapped doon deid?

MAGGIE: There's naebody drapped doon deid, Granny; leastways, *no here*. You'll no drap! You'll just sit it oot like it was a second roon o the pictures.

GRANNY: I'll be away soon. *(Nodding her head)* Aye. It'll no be lang afore I'm awa. Aye. Ma lif's ebbin. Ebbin awa.

MAGGIE: Och, it's been ebbin ever since I met ye; but the tide aye seems tae come in again.

GRANNY: *(Setting up a terrible wail)* Oh, that's no nice! That's no a nice thing tae say! But I ken the way it is, Maggie; I'm just an aul nuisance, takin up room. I'll awa back tae Lizzie's the morn. *(Sets the chair rocking fiercely and cries)*

MAGGIE: Ye're do due at Lizzie's till the end o the month and she'll no take ye a day sooner.

GRANNY: Oh, I'll no bother ony o ye. I'll awa tae the poorhoose an John can hae me boxed and buried frae there. It's him the disgrace'll fa on, no me.

MAGGIE: Och ,Granny, stop yer nonsense! Ye ken fine there's nae such a thing ... ... leastways it's got a fancy name noo. Onyway, John and me wad never send ye onywhere.

GRANNY: Ye send me tae Lizzie's.

MAGGIE: Aye ... well ... Lizzie's tae tak her turn.

GRANNY: She disna want me. She's aye crabbit, is Lizzie. She's

got a tongue wad clip cloots. A she's interested in's
ma pension book.

MAGGIE: Aye she's a right skinflint, is Lizzie.

GRANNY: She's aye been able tae keep her belly well lined,
Lizzie. *She's* had nae hard times! No like me, a widdy
wi weans tae bring up

MAGGIE: Uch, I ken a that. It's ancient history. I live in the
present. One day at a time. And, ma Goad! That's
enough.

GRANNY: *(Sudden shout after a pause)* Goad bless Lloyd
George! Him that gie'd us wur pension books.
(Singing) "Glorious things of thee are spoken ... ..."

MAGGIE: Wheesht! Lay aff the hymns. Ye'll waken the weans.

Sure enough, she has: Christopher starts to cry.

There noo, see whit ye've done ye aul pest! And him
teethin, tae.

*She crosses to the bed and her head and shoulders
disappear behind the curtain: she makes soothing
noises.*

Shoosh, shoosh, pet; go bye-byes.

*Christopher continues to wail. Edie comes in. She is
about eleven, skinny and somewhat adenoidal. She
wears a miscellaneous collection of cast-off clothing,
her stockings are down about her ankles.*

EDIE: Ma. Ma. Ernest won't come in. I tellt him, but he'll
no. Ma. He said a bad word. He said: "Awa tae
Hell".

(Granny makes an exclamation of horror.)

GRANNY: Oo! Hell is whaur yon lad'll gang. He's needin a guid
leatherin, Maggie.

MAGGIE: I hevna the energy. *(To Edie)* See's ower yon sugar
basin, Edie.

*Edie hunts out the sugar bowl, Maggie dips the baby's
dummy into it and retires again behind the curtain:
the wails cease abruptly. She emerges.*

EDIE: Ma. Ma. I'm hungry, Ma.

MAGGIE: Oh, stummicks! Stummicks! Am I no seeck o folks

an their stummicks. Get yersel a piece.

GRANNY: It seems a lang while since I had onythin. There wouldna be a wee drap left in the pot, Maggie?

MAGGIE: If you'll gae aff quiet tae yer bed, I'll mak a wee cup and bring it ben tae ye.

GRANNY: Wull ye? A nice hot cup. Wi sugar and condensed mulk? And a wee bit bread tae dip?

MAGGIE: Aye. Come on. *(Granny struggles out of her chair)* That's the girl. Ups-a-daisy! Edie, pit the kettle on and then come and help me get yer granny out o her stays.

EDIE: *(Wailing)* Aw Ma! Must I?

MAGGIE: Dae whit ye're telt or I'll tell yer Daddy on ye.

MARINA: *(Voice from behing bed curtain)* Mammy, can I hev a piece?

MAGGIE: Are you wakened noo? The lugs you weans has on you! Edie, get Marina a piece. And if ye drap the jeely on the bed, Marina, I'll gie ye the daein ye should have got for spillin yer co-co-a last night.
Maggie takes Granny off left. Edie puts on kettle, cuts and spreads bread for Marina and pushes it through the curtain.

EDIE: Mind oot, Marina; the jeely's runny.
Edie is busy with her own piece when there is a brisk knock on the outside door. Edie opens it to Lily Gibb, Maggie's sister: a spare hard-mouthed woman in her thirties.

Hullo, Auntie Lily. Mammy's busy pittin ma Granny tae her bed.

LILY: Hullo. *(Calling)* Hullo Maggie!

MAGGIE: *(Off)* Hullo Lily! Edie! I want ye!

EDIE: *(Putting down her "piece")* Aw jings!
She trails reluctantly off, making a face.

MARINA: Hullo Auntie Lily.

LILY: *(Going to bed)* Hullo! Are you no asleep yet? Whit's this ye're eatin? Bread and jam at this time o night! Are ye no ashamed o yersel? An y're a jammy; wait till I wipe yer fingers.

She has a hunt for a towel which she dips in water and disappears again behind the curtain

There noo, off ye go tae sleep.

She stands in the middle of the kitchen and surveys Maggie's muddle: sighs, takes off her coat and ties a towel round her waist, rolls up her sleeves, wonders where to start.

From the back parlour comes the sound of Bertie coughing. It is a T.B. cough and it continues intermittently throughout the scene. She takes from her shopping bag a tin of baked beans and a bottle of cough mixture, lays them down on the crowded table, then hunts for a teaspoon, wipes it, goes to the door, back left.

Bertie! Bertie dear! I'm comin ben tae see ye. I'm comin wi something nice tae stop yer nasty cough.

She goes off with bottle and spoon.

Marina starts to sing.

MARINA: Jesus loves me this I know
For the Bi-bul tells me so *(Pause)*
Did ye ever see a dream walk-in?
Well I did.
Did ye ever hear a dream talk-in?
Well I did.
Auntie Lily! Auntie Lily! I'm singin. D'ye no want tae hear me singin? Auntie *Lil*-ly!

Maggie comes in at a run, swoops down on Marina and extinguishes the song with a smart slap. A howl from Marina.

GRANNY: *(Off)* Maggie! Maggie! She's pullin the hair oot o ma heid!

MAGGIE: *(Hurrying back)* Edie! Whit're you daein tae yer Granny?

Lily, coming back with bottle and spoon meets her.

MAGGIE: I'll be ben in a minute, Lily; Goad, if it's nae yin, it's anither.

MARINA: Auntie Lily, I'm wantin a drink

LILY: Ye're no gettin one. Go tae sleep.

MARINA: Auntie Lily, I'm needin a drink o *wat*-er!

           Lily gives her a drink.

           Edie comes in, goes across to the window and shouts out:

EDIE: Ernest! Ernest! You've tae come in at once. Ma's gonna wallop the daylights oot o ye ...... Auntie Lily, Ernest'll no come in. I came in when Mammy shouted on me; but Ernest'll no come in, so he'll no.

LILY: *(Dry)* Fancy that! Arent't you a wee clever? *(Surveying her with distaste)* Pull up yer stockings. Have ye nae suspenders?

EDIE: *Suspenders*? No.

LILY: Well, have ye nae garters?

EDIE: No Auntie Lily.

LILY: Well, have ye nae elastic in yer breeks?

EDIE: I've nae breeks.

           Maggie comes in.

LILY: Maggie, hes she no got a pair o knickers tae her name?

MAGGIE: They're wore oot. I'll see whit I can get doon at the Mission - if I've onything left efter settlin the grocer.

LILY: *(Despairing)* Maggie, ye're aye in the same pickle.

MAGGIE: Lily, money disnae stretch. Ye pit oot yer haun for yer change and whit dae ye get? A coupla coppers. A ten shillingy note's no a ten shillingy note ony langer. I dinna ken whit they dirty rotten buggers in Parliament are daein wi ma money, but they're daein *somethin*. John says ......

LILY: Ach, I'm no wantin tae hear whit John says aboot they bliddy capitalists. I've heard it a. It wisnae they bliddy capitalists gie'd you a the weans, wis it?

MAGGIE: *(With her hearty laugh)* No that I mind o!

LILY: John should think shame o himsel.

MAGGIE: Wit way? He's a man and I'm a wumman. We're flesh an blood.

Edie, all ears, looks from one to the other.

EDIE: Are you no flesh an blood, Auntie Lily?

MAGGIE: No, she's jist skin an bone.

Christopher wakens up and starts to cry.

He's teethin.

LILY: He canna *aye* be teethin!

Maggie dips the dummy in the sugar bowl and the crying stops as she disappears behind the curtain.

Ye shouldna gie him sugar, Maggie; it's bad for worms.

MAGGIE: Ach! Worms!

LILY: Y're wastin him. As if it wasnae bad enough lettin him walk too soon and gie'd him rickets ... ...

MAGGIE: He has nutt got rickets!

LILY: Whit else is bowly legs but rickets?

MAGGIE: Bringin up weans is no as easy as it looks, Lily. Old maids are awfu good at the criticisin.

LILY: I hope ye don't think I'm envyin you because you managed tae get the haud o a man. Look at ye! Dae ye never rin a comb through yer hair?

MAGGIE: *(Turning to the grinning, listening Edie)* Edie, rin you aff tae yer bed.

EDIE: Aw, Mammy! No yet!

She scratches her head vigorously.

LILY: Here! Has she got somethin?

MAGGIE: Edie, wis you scratchin? Come here! *(Seizes her and examines her head without mercy, heaves a sigh of relief and thrusts her away)* Thank Goad! That's one thing I wull not have in this hoose ... a loose.

EDIE: Mary Harris has got them, so she has. Teacher says so.

MAGGIE: Mary Harris! And her up this very close! Jist wait till I get the haud of that lazy mother o hers, I'll gie her a piece o my mind. Listen you tae me, Edie, there's tae be nae mair playin wi Mary Harris till she's got her

	heid cleaned. We've no very much this side o repectability, but there's aye soap and water.
LILY:	Tae look at her, ye wouldna think it.
EDIE:	I wis playing in the back coort.
MAGGIE:	Nae back-chat. Get oot the soap and flannel and dae yer neck in case the teacher taks it intae her impident heid tae look the morn.

Edie drifts around.

EDIE:	Ma, I canna find the flannel.
MAGGIE:	Noo, whaur did I lay it doon? I did Christopher before he went oot ta-tas ... ...
LILY:	How you ever find onythin in this midden beats me.
MAGGIE:	Oh, here it is. It beats me tae sometimes. Edie, bend ower the sink till I scart some o this dirt aff ye.
LILY:	D'ye no tak aff her dress tae wash her neck?
MAGGIE:	Awa for Goad's sake! It's no Setterday nicht.
LILY:	She's old enough tae dae it hersel. The way you rin efter they weans is the bloomin limit. Nae wunner y're hauf-deid.
MAGGIE:	I'm no hauf-deid!
LILY:	Well, ye look it.
MAGGIE:	I canna help ma looks ony mair than you can help yours.
LILY:	The difference is, I try. Heve ye looked in the mirror since ye rose the morn?
MAGGIE:	I havena time tae look in nae mirrors; and neither would you if ye'd a hoose an a man an five weans.
LILY:	Yin o they days your lovin Johnnie's gonna tak a look at whit he married and it'll be ta-ta Maggie.
MAGGIE:	My lovin Johnnie's still ma loving Johnnie, whitever I look like. *(Finishing off Edie)* Comb yer hair noo, Edie ... ... I wonder whaur it's got tae? *(They both look for the comb)*

EDIE: I canna find it Ma. Auntie Lily, could you lend us yours?.

LILY: *(Starting to look in her bag, then thinking better of it)* I didna bring it the night.

EDIE: I've nae beasts, Auntie Lily.

LILY: Jist the same, I didnae bring it. Scram aff tae yer bed.

MAGGIE: Aye, Edie, get aff afore yer feyther comes in frae the library.

LILY: Oh, is that whaur he is?

Edie takes down from wall key to the outside W.C. and goes off.

MAGGIE: Whaur else wad he be? He disna go tae the pubs noo.

LILY: Oh aye! I'd forgot he'd went T.T.

MAGGIE: Ye ken fine he's T.T.; but ye jist canna resist a dig at him. He hasna been inside a pub since Marina was born.

LILY: That's whit he tells you, onywey.

MAGGIE: My the tongue you have on you, Lily; it's a pity ye had yon disappointment; ye might hev been real happy wi the right man and a couple weans.

Lily holds out her sleeve and laughs up it.

LILY: Dae you think *you're* happy?

MAGGIE: Aye! I'm happy!

LILY: In this midden?

MAGGIE: Ye canna help havin a midden o a hoose when there's kids under yer feet a day. I dae the best I can.

LILY: I ken ye do. I'd gie it up as hopeless. Nae hot water. Nae place tae dry the weans' clothes ... ... nae money. If John wad gie hissel a shake ... ...

MAGGIE: You leave John alane! He does his best for us.

LILY: No much o a best. O.K. O.K. Keep yer wig on! Ye're that touchy ye'd think ye wis jist new merriet. I believe ye still love him!

MAGGIE: Aye. I still love John. And whit's more, he loves me.

LILY: Ye ought tae get yer photies took and send them tae the Sunday papers! "Twenty-five years merriet and I still love ma husband. Is this a record?"

MAGGIE: I'm sorry for you, Lily. I'm right sorry for you.

LILY: We're quits then.

MAGGIE: Servin dirty hulkin brutes o men in a Coocaddens pub.

LILY: Livin in a slum and slavin efter a useless man an his greetin waens.

MAGGIE: They're *my* weans! I'm workin for ma ain.

LILY: I'm *paid* for ma work.

MAGGIE: So'm I! No in wages ... ... I'm paid wi love. *(Pause)* And when did you last have a man's airms roon ye?

LILY: *Men*! I'm wantin nae man's airms roon me. They're a dirty beasts.

MAGGIE: Lily, ye're mind's twisted. You canna see a man as a man. Ye've got them a lumped thegether. You're daft!

LILY: You're *saft*! You think yer man's wonderful and yer weans is a angels. Look at Jenny ... ...

MAGGIE: *(Instantly on the defensive)* There's naethin wrang wi Jenny!

LILY: No yet.

MAGGIE: Ye wis like Jenny yersel once and don't you forget it. There wis naebody fonder o dressin up and rinnin aroon wi the lads.

LILY: I went oot respectable! No wi the the riff-raff o the toon, an a dressed up like a bloomin tart wi peroxided hair.

MAGGIE: You mind yer tongue, Lily!

LILY: I'm only tryin tae tell ye tae keep yer eye on her. I'm in the way o hearin things.

MAGGIE: Whit d'ye mean? Come on! Whit're ye gettin at?

LILY: I'm sayin nae mair. But jist you watch her. Yon Nessie

Tait's a right bad lot, and her and Jenny's as thick as thieves.

MAGGIE : (*Troubled, she sighs*) I canna blame Jenny for being fed up. Wi Granny aside her, and Edie snorin wi her tonsils. Jist the same, it hurts terrible tae hear her goin on an on aboot leavin hame. I'm sure it's no ma fault! I've din ma best! I've din ma best for every yin o them!

She starts to cry. Lily stands and looks at her helplessly. She too sighs.

LILY : I ken ye've done yer best. Ye've done great. But ... ye havenae had a life fit for a dog! I jist wish there wis something I could dae for ye.

MAGGIE : (*Wiping her tears away with her hands, she shakes her head at Lily*) Oh Lily, ye dae plenty ; ye've aye been good tae the lot o us.

LILY : I dae whit I can ... but it's nae much.

MAGGIE : Oh aye, it is. There wis yon black puddin ye brung intae us on Wednesday and the gingerbreid on Sunday, forbye a the cest-affs and the odd bobs ... ...

LILY : Och that's naethin. I brought ye a tin o baked beans the night. They'll mebbe dae yer dinner the morn.

MAGGIE : If they're no ett afore.

LILY : There ye are, see! Jist like you! I bring ye somethin for the morn's morn and it's ett afore ma back's turned. Och well, they're your beans ... ... Hev ye been back tae the hospital wi Bertie yet?

MAGGIE : (*Perturbed*) Naw ... no yet. I wis that tired, I jist couldna think tae get masel dressed an trail awa up yonder.

LILY : I tought the doctor said ye wis tae go back for an X-Ray ?.

When very agitated, Maggie "combs" her hair with her fingers: she does this now.

MAGGIE : I'll tak him up next week.

LILY : Aye Maggie, ye've no tae pit it aff. He's nae weel, the wee chap. If you cannae go, whit's wrang wi John takin him ? Whit's he got tae dae wi himself when's there's naethin daein for him at the Burroo ?

MAGGIE: Oh ... he'll no go ... no wi'oot me. He disnae like it ... amang a they gossiping wifies, he says, an weans yellin in his lugs and fa'in ower his feet.

Lily gives a snort of disgust.

LILY: Jist like him! Leave a the dirty work tae the women!

MAGGIE: It's no like that ... ... John's ... ... *sensitive.*

Lily looks as if she is about to explode: she manages to control herself.

LILY: Well ... onywey ... somebody's got to see tae Bertie. I hope the bottle I brought him'll help.

MAGGIE: Did ye get it frae the chemist, Lily?

LILY: Aye. Of course! Whaur did ye think I'd get it?

MAGGIE: It cost ye money.

LILY: Forget it.

Edie comes in. She hangs up the W.C. key. Ernest is right behind her: he gives her hair a good hard tug and she yells.

EDIE: Ow! Let go ma hair, ye cheeky beggar.

She hacks his shins. He retaliates.

MAGGIE: *(Seizing him roughly and clouting his ear)* Did I no tell you you wis tae come in hauf an oor ago? Did I? *(Clout)* Did I? *(Clout)* Well, you dae whit ye're tellt. *(Ernest wriggles just out of reach)* Come you here when I want tae hit ye! *(With a final clout she pushes him away and brushes back her dishevelled hair)* Noo, get you tae that sink and wash yer face an hands.

Ernest feebly soaps the flannel and washes a small area round his mouth and nose, then he draws it gently across the backs of his filthy hands and dries himself.

LILY: Some wash!

ERNEST: Hullo, Auntie Lily. Did ye bring us onythin the night?

LILY: Aye, but ye're no gettin ony the noo.

ERNEST: Aw! I'm hungry. Whit is it? A pie?

LILY: Never you mind.

ERNEST: A black pudden? ... ... a white pudden? Aw go'n; tell us.

MAGGIE: It's a tin o baked beans; it's for yer dinner the morn.

ERNEST: Aw, can we no get eatin them the night?

MAGGIE: *(Looking out of the corner of her eye at Lily)* Certainly nutt!

ERNEST: Aw! Can I hev a jeely piece, then?

MAGGIE: *(Sighing)* Yon loaf wis new at tea time.

She cuts and spreads bread which Ernest takes and climbs on to the sink, eating wolfishly.

ERNEST: Ma! I can hear the Bones's wireless. Ma! It's playin jazz! Oh *great*! ... ... Oh Ma, I wisht we had wan. Ma, when'll we get a wireless?

LILY: When yer Daddy's hied bummer o Fairfield's!

ERNEST: Ma Daddy disnae work in Fairfield's.

LILY: Your Daddy disnae *work*.

MAGGIE: Some day we'll hae a wireless, sonny.

LILY: Aye. And get a grand pianny when yer aboot it.

ERNEST: When we get a wireless, I'm gonnae listen tae a the bands.

He seizes a spoon and starts to beat out a jazz rhythm on a tin tray. Maggie tears both of them from his hands and brings him off the sink with a smart jerk which lands him on the floor.

MAGGIE: *(Pointing to the bed)* There's weans asleep in there!

Ernest climbs back on to the sink. Noises from above indicate a brawl: this gets louder.

ERNEST: *(Nodding towards ceiling)* That's him bashin her.

Lily and Maggie raise their eyes to the ceiling.

MAGGIE: Puir soul! ... ... *(To lily)* Is that no fair awfu? At it again! Canna keep aff the bottle, him.

LILY: I jist canna understand a woman let's her man bash her aboot. Catch *me* bidin wi him!

MAGGIE : If ye've got weans, ye've got tae pit up wi the fella that gied ye them ... ... My ! That wis a dunt ! The plaster'll be doon !

LILY : I'll chap up tae them.

MAGGIE : Aye, tak the brush - no that it'll dae ony good ; they'll never heed, she'll be that busy dodgin ... ... My ! ... ... I bet she'll hae a black eye the morn, but she'll never let dab how she got it. *(She clouts Ernest off the sink)* Get you aff tae yer bed and don't sit there listenin tae yer elders.

Ernest goes off.

LILY : I see y're skelpin Ernest aboot plenty. I hope it does some good. Mebbe that's whit's wrang wi Alec ; ye didnae skelp him enough when he was wee.

Maggie runs her fingers through her hair: looks at Lily: shakes her head.

MAGGIE : *(Agitated)* Don't start, Lily ; don't start. I'm no needin your opinion !

LILY : Eh ? Whit's up wi you ?

MAGGIE : I'm no needin ony advice frae you, Lily. No aboot Alec. *(Long pause)* I took it once. *(She nods grimly at Lily)*

LILY : Ach ! Yon rubbish again ! Ye're daft !

MAGGIE : Ye cannae deny Alec's aye been delicate ... ...

LILY : There's naethin delicate aboot him noo - except the way he takes money aff ye ... ... When did ye see him last ?

MAGGIE : Oh ... nae that lang since.

LILY : Well, when ye dae see him ... ... ach ... never heed.

MAGGIE : He's no owin you onythin is he ?

LILY : If he is, it's naethin tae dae wi you. Did he no come roon at the week-end ? *(Maggie shakes her head)* The dirty wee whippet ! He can aye come runnin when he's wantin something ; the rest o the time you can go tae the hot place for a he cares ! ... ... An him wi his

	pockets fu efter the dugs on Saturday. He couldnae even bring a poke o sweeties for the weans.
MAGGIE:	Wha telt ye he'd won at the dugs?
LILY:	Isa was boastin aboot it. He's bought her a swagger coat aff his winnins.
MAGGIE:	He'd gie that bizzom the eyes oot o his heid. Whit he sees in her ... ... she's a right bad lot, yon.
LILY:	Aye, but you try an tell *him* that! It seems tae me, Maggie, that the mair ye cairry on wi ither men, the mair yer ain man thinks o ye. If ye sit at hame washin oot the nappies an blackleadin yer grate, all the attention ye'll get's a bashin on a Saturday.
MAGGIE:	Alec'd never lift a finger tae Isa.
LILY:	I wouldnae bet on that ... if she riles him enough. Goad help her if he starts, for he'll no ken when tae stop. Ye mind yon tempers? Mind the time he jist missed me wi the breid knife?
MAGGIE:	*(Covering her face with her hands and cringing)* Lily, I've enough tae keep me aff my sleep at nights wi'oot you rakin up the past.
LILY:	I'm sorry, Maggie ... I didna mean tae upset ye.
MAGGIE:	It wis the day efter he threw the knife at you he got intae yon ither trouble ... ...
LILY:	Maggie, forget it ... ...
MAGGIE:	I'm no likely tae forget it ... the polis ... and the Court ... ... and yon Probation Officer.
LILY:	There's naebody but you remembers.
MAGGIE:	The neighbours does ... Mrs. Harris and Mrs. Bone ... ... and yon Wilson wumman ... every time her an Alec comes face tae face, I can see her rememberin.
LILY:	He was only a lad.
MAGGIE:	There's times I think he's no much mair than that yet.

John comes in carrying books under his arm. He is a big, handsome man. He puts down his books, gives Maggie a pat: they exchange warm smiles. He goes to sink and has glass of water.

	Ye dry, John? I'll pit the kettle on. I've jist minded I promised yer auld lady a cup in her bed.
JOHN:	She a right?
MAGGIE:	Oh aye. Jist as usual ... greetin an eatin.
JOHN:	*(Turning to Lily with as much of a smile as he can muster)* An how's Lil?
LILY:	I wish you'd leave aff cryin me Lil. Ma name's Lily.
JOHN:	An it couldna suit ye better.
LILY:	Whit d'ye mean by that, eh?
MAGGIE:	Don't you two stert up! I've had enough the day. *(To Lily)* He didna mean onythin.
LILY:	Well if he didna mean onythin he shoulda say onythin!
JOHN:	Goad help us!
LILY:	*(To Maggie)* Whit aboot yon ironin?
MAGGIE:	Och, never heed. I'm that tired it wad kill me tae watch ye.
LILY:	It'll be steamie day again afore ye've got that lot done.
MAGGIE:	Well, I canna help it.
JOHN:	Yous women! Ye've nae system.
LILY:	Oh, I suppose if *you* was a wumman you'd hae everythin jist perfect! The weans a washed and pit tae bed at six, an everythin a spick an span. Naethin tae dae till bedtime but twiddle yer thumbs. Huh!
JOHN:	I'd hae a system ... ...
LILY & MAGGIE:	He'd hae a system!
JOHN:	Aye, I'd hae a *system*! Ony man wull tell ye, ye can dae naethin properly wi'oot ye hae a *system*.
LILY:	And ony wumman'll tell ye that there's nae system ever inventit that disnae go tae Hell when ye've a hoose-fu o weans and a done aul granny tae look efter.
MAGGIE:	Never heed him, Lily. Ye should see him tryin tae mak the breakfast on a Sunday; ye'd get yer kill! If he's

	fryin bacon, he's fryin bacon, see? He's no keepin an eye on the toast an on the kettle, an breakin the eggs intae the pan a at the same time.
JOHN:	Well, it's no ma job. If it *wis* ma job … …
MAGGIE:	We ken: ye'd hae a system.
LILY:	Well, if you're sure there's naethin I can dae, Maggie, I'll awa.
MAGGIE:	Och no, wait and hae a wee cup wi us.
LILY:	Naw … I'll mak yin at hame and hae somethin tasty tae it. A rarebit, mebbe.
JOHN:	*(Winking at Maggie)* Aye, you dae that Lily; nae use hintin for ony rarebits here.
LILY:	*(Not having seen the wink)* I like that! Hint! The cheek! It was me brung yon tin o baked beans that's sittin up on your dresser this minute, John Morrison!
MAGGIE:	Och, he's only pullin yer leg, Lily.
LILY:	If that's a sense o humour I'm glad I hevna got one. Yous men! I wouldna see one o you in ma road.
JOHN:	Oh ho! If a man jist crep ontae your horizon, ye'd be efter him like a cock at a grosset.
LILY:	*(Hauling on her coat)* I'm no stayin here tae be insultit. Ye can keep the beans, Maggie, but that's the last ye're gettin frae me till ye learn some folks their manners. Aye. And ye can tell yon precious Alec o yours that the next time he maks enough at the dugs, tae get fleein drunk in the middle o Argyle Street, he can pay me back ma ten shillingy note.

She stamps out of the room, slamming the door.

MAGGIE:	Ye shouldna tease Lily, John. Yin o they days she'll tak the huff and no come back, and whaur'll I be then?
JOHN:	Puir Lily! Goad help her … … *(Sotto voce)* the interferin bitch. Nae wunner she couldna get a man.

A burst of coughing from Bertie.

Wit aboot Bertie's X-Rays? Did ye tak him up tae the Hospital?

MAGGIE: I'll go tomorrow. *(Suddenly)* Could you no ... come wi me?

JOHN: Maggie, I'm on casual labour; ye never ken whit's comin up. There might be work and there might no ...

MAGGIE: Aye ... that's right ... it's jist ... ... I get sick tae ma stummick up there ... ... and the wee chap ... the nurse ca's oot the name an ... ...

JOHN: Get Mrs. Harris tae go wi ye ... or Mrs. Wilson.

MAGGIE: Aye, I could dae that ... ... Is there onythin for ye the morn?

JOHN: Three days ... ... or mebbe four ... ... Hundreds o us, Maggie, beggin for the chance tae earn enough for food and a roof ower our heids.

There is a knock at the door.

MAGGIE: You go, John. It'll likely be yin o the neighbours.

John admits Mrs. Harris *and* Mrs. Wilson: *both are highly excited and "puffed oot".*

JOHN: Come in ladies, come in. It's aye open hoose here.

MAGGIE: I hope it's no marge; I've nane.

Mrs HARRIS: I like that! Ye'd think we never come near ye except tae borry a wee tate this or that. We come in tae tell ye there's been an accident at your Alec's.

Maggie jumps to her feet, eyes staring.

MAGGIE: Whit's happened?

JOHN: *(Bitter)* Has the Polis got him again?

Mrs HARRIS: The Polis is there; but they're no efter Alec.

Mrs WILSON: It's the street. Your Alec's street. The hooses has collapsed. The close next Alec's is the worst; they've pit a the fowk oot o it, and they've yon wee red lamps ... ... me and Mrs. Harris wis jist new oot o the pictures and we seen the crowd, an I thought it wis a fire, but here, that's whit it wis ... ...

Mrs HARRIS: Jist like an earthquake it wis ... like yon fillum wi Jeanette McDonald and Clark Gable. There's a sink sittin oot in the open air ... ...

Mrs WILSON: And ye can see right intae a bedroom and there's a chest o drawers ...

Mrs HARRIS: And a pair o troosers hangin by the braces and nae man inside them.

MAGGIE: Did you see oor Alec?

Mrs WILSON: Naw, we didnae see him.

Mrs HARRIS: Nor Isa neither.

Mrs WILSON: But they said there wis nae deiths. Yin chap got his heid split, but that wis a the casualties as faur as we ken.

Mrs HARRIS: Your Alec must hae been oot somewhere.

MAGGIE: You'll gae roon, John, and see?

Mrs HARRIS: Och I wouldnae bother ma bunnet, Mr. Morrison. The Polis would hae come roon for ye ... ... Alec kens a the Polis hereaboots.

JOHN: Ye mean the Polis a kens Alec.

Mrs HARRIS: Whichever way ye like tae pit it. It's a guid job it wis only a sub-let; he'll hae nae furniture tae flit.

MAGGIE: John, are you goin roon? If you're no, I am.

JOHN: Aye, I'll go, but I'll be lucky if I find him this side of midnight. They'll be oot at the dancin, and when they dae come hame they'll be that pie-eyed they'll no care whether they've a hame or no.

Mrs WILSON: Still, ye should go, jist tae see it. Whit a mess! I wunner when thae hooses wis built?

JOHN: The industrial revolution.

Mrs WILSON: Eh? I never kent we'd had a revolution! I thought it wis still tae come. Ma man says ... ...

JOHN: It's a damned nuisance, that's whit it is! Well, we're no havin them here, Maggie; they can find another room.

MAGGIE: They'll no can find anither room the night, John.

JOHN: Naw ... well ... they can look for one the morn; gie

themselves somethin tae dae instead o lyin in their beds.

He goes off.

Mrs WILSON: My thae men! Nae word o sympathy! They're right hard nuts.

MAGGIE: That's jist talk. If onythin wis tae happen tae ony o the weans, John would tak it bad. They canna staun up tae things like a wumman. They loss the heid and shout.

Mrs WILSON: *(Nudging Mrs. Harris)* Did yon picture the night no gie you an awfy thirst? Yon time they they swillin doon the champagne, ma tongue wis fair hingin oot.

MAGGIE: I've jist made some - tea, I mean. No champagne. Sit doon. I promised a cup tea tae Granny a while back ... ... it's a wunner she hasnae yelled.

Mrs WILSON: How's she keepin, puir aul soul?

MAGGIE: Jist the same. She'll see *me* oot, I think.

Mrs HARRIS: Aye it's a trial for ye right enough. Wait till she's bedridden though, it'll be a Hell o a sight worse.

MAGGIE: That's right, look on the bright side.

Mrs HARRIS: When's she due at Lizzie's?

MAGGIE: No till the end o the month.

Maggie pours and hands tea.

Mrs WILSON: Ta. Whit'll ye dae if ye have tae pit up Alec and Isa?

MAGGIE: Granny'll jist have to go tae Lizzie.

Mrs HARRIS: Puir soul! Yon Lizzie, she'd screw the teeth oot o yer heid if she could get onythin for them in the pop-shop. Did Granny ever get yon brooch she lost last time she wis wi Lizzie?

MAGGIE: No.

Mrs HARRIS: I tell't ye. She'll never see it this side o Hell.

Mrs WILSON: It's pathetic, so it is, the way Granny comes wi yon aul bed o hers, and taks it wi her when she goes. Old folks is an awfu problem.

Mrs HARRIS: They're no the only problem. Eh, Mrs. Morrison?

Maggie rises.

MAGGIE: I'll jist tak a keek in at Granny.

Mrs WILSON: Problems! She hasnae hauf got them. Puir Maggie. And she's no the only yin on this stair. The Bones wis at it again last night. He got overtime paid him.

Mrs. Wilson draws down one eye with a forefinger and nods.

Mrs HARRIS: Overtime? Is that whit she ca's it? Ach well, onyway, it's dough. And we can a day wi a bit extra. But there's some men ye jist canna talk oot o bein honest.

Mrs WILSON: Roon aboot here,, the yins that's honest's feart they get nicked.

Mrs HARRIS: Oh I woulna say that; I wouldnae say that ... ... *He's* honest - her John.

She nods towards the door through which Maggie now appears.

MAGGIE: Dead ... ...

Mrs HARRIS: *(Screeching) Dead?*

MAGGIE: Dead tae the world. Sorry I've nae biscuits.

Mrs WILSON: Never heed; I've a sweetie left ower frae the pictures.

She produces a poke and hands them round.

Mrs. Harris: Jenny no in the night?

MAGGIE: No.

Mrs WILSON: I see she's got a new yin. Wee dark chap. I seen them the ither night.

MAGGIE: Did ye? Fancy that. Hope ye took a guid look.

Mrs WILSON: I see sh's become yin o they platinum blondes.

MAGGIE: Aye ... ... John disnae like it.

Mrs HARRIS: Somebody must hae tellt her that gentlemen prefers them. Wait till your Edie an ma Mary gets sterted! It'll no be lang the way they're gaun on these days.

MAGGIE: Here! That reminds me! Ma Edie says the teacher says your Mary's got beasts in her heid.

Mrs HARRIS: *(A long screech of indignation)* Oh, the cheek! Beasts! Whit a thing tae say!

MAGGIE: Can you deny it?

Mrs HARRIS: Oh, wait till I get ha haunds on yon bitch o a teacher!

MAGGIE: Can you deny it?

Mrs HARRIS: I never heard the like!

MAGGIE: You look me in the eye, Mrs Harris, and tell me your Mary's got nae beasts!

Mrs HARRIS: It's no fair, so it's no ... ...

MAGGIE: See! She canna deny it!

Mrs HARRIS: Ach well ... ... whit's an odd louse?

MAGGIE: I'll tell ye whit an odd louse is: it's the mither o a hale batallion that's no content tae bide on hame grun. So jist you get something frae the chemist's, or I'll get the Sanitary tae ye.

Mrs HARRIS: *(Rising, with swelling bosom)* Oh, the Sanitary, is it? If you're for bringin in the Sanitary, there's a thing or two aboot the dunny stairs no being washed when it's a certain party's turn. Am I no right, Mrs. Wilson?

Mrs WILSON: *(Apprehensively)* Never heed the dunny stairs. Come on!

She plucks at Mrs Harris's sleeve.

MAGGIE: Are you insinyatin that I don't take ma turn o the close?

Mrs HARRIS: No, I'm no insinyatin. I'm *telling* ye.

Mrs WILSON: Come *on*!

Mrs HARRIS: I'm comin.

She stalks with dignity at the heels of the scurrying Mrs. Wilson.

Mrs WILSON: *(To Mrs. Harris)* Fine you ken there's naebody does the dunny till it comes up their humph.

MAGGIE: *(Shouting after them)* Mind! She's na playin wi ma Edie till she's cleaned.

Mrs HARRIS: Ye needa fash yersel. I wouldna let her!

They go. Maggie slumps in her chair.

MAGGIE: Aw Goad! *(Sighs)* I'll need tae buy her aff now wi some tattie scones or snowballs ... or something. *(She looks at Lily's tin of beans)* ... ... No, she's no gettin they beans.

The lights dim out.

Scene Two

Some hours Later.

A space has been cleared, centre, for a mattress on the floor with pillows, blankets, old coats. Maggie is making up this "bed" as well as she can. She has on a nightdress covered by her coat.

John, Alec and Isa come in. They all carry a share of Alec and Isa's belongings. Isa has on a tawdry dance dress: she and Alec have had too much to drink, but only Alec is Maudlin.

JOHN: Don't make such a bloomin row; ye'll waken the hale hoose.

ALEC: *(Flinging down a battered suitcase)* I'm no makin ony row. *(Aggressive)* An I'm nae wantin ony favours! Can I help it if the bloody roof fa's in?

JOHN: Mind yer langwidge; ye're in ma hoose, no in a pub.

MAGGIE: *(Hovering anxiously, placating)* Are ye a right, Alec?

ALEC: Aye ... I'm a right ... ... Tae hear him, ye'd think I'd knocked doon the tennyment!

JOHN: You couldna knock doon an empty midden-bin.

ALEC: There ye are! That's whit ma feyther thinks o me. *(To John)* Ye've aye been the same tae me. Despisin ... ... Despisin. *(He turns slowly and unsteadily to Isa)* An her, her there ... she's jist the same. I've got a

	wife an I love her. I love ye, Isa. I love ye. *(He paws her, she gives him a push)*.
ISA:	Aw shut up ye wee nyaff.
ALEC:	I love her, but she disnae love me. When I want tae kiss her she shoves me aff … like that. *(His drunken gesture catches Isa in the stomach)*.
ISA:	Ow! Ye drunken … …
MAGGIE:	John, pit him tae his bed.
ISA:	Aye, that's right, Daddy; pit yer wee boy tae his bed.
JOHN:	*(To Maggie)* Whaur's he tae lie?
MAGGIE:	Whaur *can* he lie? .. .. Aside Bertie an Ernie. Isa, you'll need tae share wi Jenny an Edie an Granny; I've pit through blankets for the sofa.
ISA:	Some sleep I'm gonna get. *(She sits down and kicks off her high-heeled slippers)*. Goad! Ma taes are tramped tae pulp. Whit a rammy it wis the night.
JOHN:	Paying oot good money tae get battered aboot in yon crowd … …
ISA:	*You* never went tae the dancin, eh? Hee-haw!

She looks him over appreciatively and gives him a "certain smile".

ALEC:	She shoves me aff … … but she disna shove *him* aff.
ISA:	Stow it.
ALEC:	I seen ye. I seen ye the night. Jist wait. Jist you wait!

His eyes have difficulty focusing, but they have a very nasty look. Maggie gives a little moan of distress.

ISA:	That's whit he's like when we hev a night oot. He mixes them and I've got tae get somebody tae cairt him hame. Gie's a haun wi him, for Goad's sake!

Alec is swaying about in his chair, and muttering.

JOHN:	*(To Maggie)* Is he gaunna lie aside Bertie stinkin o stale beer?
MAGGIE:	Whit else can we dae, John!
JOHN:	Bertie's nae weel. *(He looks at his sprawling son)* Whit

| | I'd like tae dae is kick him oot o the hoose. |
| ISA: | Aye, pit him oot on the stairheid. |

Maggie starts to cry.

MAGGIE:	It's terrible! Whit's tae be done!
ISA:	He's useless. I'm seeck fed up wi him.
MAGGIE:	*You* hevna helped him ony.
ISA:	Ach, he wis a rotten tattie lang afore I was daft enough tae get landed wi him. If ye ask me, I've improved him. He'll dae whit I tell him, that's mair than you can say. I can twist him roon ma little finger. Come on, pimple! *(Takes him with a practised hand by the back of his collar and jerks him off his chair)* Well? Are ye gaunna let me cairry him masel? Gie's a haun ... I'm wantin ma bed.*(As she and John take Alec off, right:)* Nighty night. Sleep tight.
MAGGIE:	Haud yer row! The bairns is sleepin.

She stands looking at the bedroom door, hands working nervously. John comes out. They look long at each other without speech: then John comes to Maggie: he takes her in his arms and "pets" her.

| JOHN: | You get intae bed, Maggie and rest yersel. *(Pause)* If ye can. |

Maggie doesn't move: she watches him sit down and light a Woodbine.

Ma son! *(Pause)* I used tae think, when he was wee, it'd be rare when he grew up. He'd go tae the night-school an learn a trade ... ... we'd be rare pals, him an me *(Pause)* an look at whit I've got!

MAGGIE:	*(Bursting into tears)* I've din ma best wi him! I have! I have!
JOHN:	I'm no blamin *you* Maggie. If I'm blamin onybody, I'm blamin masel. A man's got nae right tae bring weans intae the world if he canna provide for them. *(Turning to her)* It's a wunner ye don't hate me.
MAGGIE:	*(Wiping her cheeks with her hands)* Don't talk daft. It's because things have aye been right atween you an me that I can struggle on.

JOHN: Struggle! Aye, ye've hit on the right word - struggle
... ... *Weans!* They roast the heart and liver oot o ye!

MAGGIE: Aye ... ... but it's as if they wis tied on tae ye ... ...
they'll tug awa till the day ye dee.

JOHN: Ye're right. I can get that mad at Jenny I could ... ...
then she looks up at me wi that wee smile o hers an I
can feel ... I can *actually feel* ma heart turnin intae
butter.

MAGGIE: Jenny's your pet.

JOHN: *(Smiling)* Aye. Canna deny it. Didna see her the
night. I suppose she was in bed time I got back wi that
pair in there. *(He nods towards the door. Maggie
doesn't answer: she puts a hand up to her mouth,
afraid he'll pursue the question: then she gets into the
bed).* Well, I don't know whit's done it, the
excitement or the vexation, but I'm damned hungry.
Is there onythin tae eat? Hey! Whit aboot Lily's
beans?

MAGGIE: Whit aboot tomorrow?

(Hunts in drawer)

JOHN: Ach, tomorrow! Whaur's the tin-opener? Goad! It's
never twice in the same place, Maggie.

MAGGIE: I've nae system. *(She giggles).*

*He finds the tin-opener, opens the tin, find a pan and
heats the beans, stirring and tasting.*

MAGGIE: Pit some o them aside for the weans the morn.

JOHN: Aye ... right. A wee bit Ayrshire bacon would go
great wi these.

*They exchange a look of greedy longing and lick their
lips.*

MAGGIE: It says on the tin: beans wi pork.

JOHN: Pork? *(He lifts out a cube of something)* Could be
onythin. Blubber. *(He eats it)* Aw, I've ett it a
Maggie! The hale square-inch o it!

MAGGIE: Aw, ye greedy thing! Fancy no haufin it wi me. *(Giggles).*

He hands her a plate of the beans.

That's ower much, John! I said keep some for the weans.

JOHN: You eat the lot; I've kept some.

They eat. In the silence, there is a prolonged fit of Bertie's coughing: they look at each other.

Maggie ye'll need tae … …

MAGGIE: I ken. I ken. I wull go; but I'll hae tae bother Mrs. Harris tae mind Granny and the weans … an I had words wi her the night.

JOHN: Yous women,! Whit wis it this time?

MAGGIE: She said I didnae tak ma turn o the dunny stairs, an I said her Mary had somethin in her heid.

JOHN: I've tellt ye and tellt ye! Can ye no keep yersel *tae* yersel?

MAGGIE: No, I canna. It's only rich folks can keep theirselves tae theirselves. Folks like us hev tae depend on their neighbours when they're needin help.

He finishes his beans and takes away the plates. Maggie lies back with a sigh.

JOHN: *(Looking at her)* Ye're dead beat, Maggie. It's been too much for ye … … Isa and Alec … …

MAGGIE: Aye … I'm gey tired right enough.

JOHN: Some day we'll hae a real bed, Maggie.

MAGGIE: On legs? I hevnae been on a bed since I wis in the Maternity wi Marina.

JOHN: Here that'll dae! I'm no wantin nightmares … … I'd better lock up.

MAGGIE: Och, never heed … y're no needin tae lock the door.

JOHN: *(Turning quickly towards her)* So … she's no in?

Maggie shakes her head.

Whaur is she? Who's she wi?

MAGGIE: She disnae say ;she disnae tell me onythin noo.

JOHN: By Goad, she'll tell me somethin! I'm for nane o this traipsin roon the toon till a oors.

He opens the window. A crowd of drunks are rolling homewards singing "I'm alone because I love yew, love yew with all my heart" with mouth-organ accompaniment.

Listen tae that! Goad knows whit sort o scum's on the streets at this time o night. She's no gettin aff wi this.

MAGGIE: Whit's the use? She pays nae attention when ye speak.

JOHN: She'll pay attention tae me!

He looks out of the window, left and right, then closes it.

Nae sign o her.

MAGGIE: It's they lassies she's got pals wi since she went tae the Sauchiehall St branch. She'll no bring me naethin frae the shop noo ... that feart the girls'll think onythin o gettin hame a few bashed tomaties an some ower-ripe bananas. I miss them; it wis a rare wee help ... ... Marina loves a chipped apple.

JOHN: Oh, so she'll no bring hame ony bashed fruit noo? I'll see aboot that! Ma word! Wait till ma lady shows up the night!

MAGGIE: *(Alarmed)* Ye've no tae be rough wi her, John.

JOHN: It strikes me it's *past* time tae be rough wi her. She's changed a lot, Maggie! Jenny was never impident... ... *(Remembering the old Jenny)* Jenny was aye a kind wee lassie, aye ready for a laugh - for a she'd be a bit cheeky at times ... but nae ... nae yon hard look she's got aboot her this last while back.

MAGGIE: I didnae tell ye, but ... she's wantin tae leave hame.

John turns slowly, absolutely shocked.

JOHN: *Leave hame?(Pause)* Leave ... *us?* Naw, she wouldna dae that. No Jenny. It's jist talk ... ... *(Pause)* she *couldna* leave us! Whaur would she gae?

Maggie shakes her head.

MAGGIE: Aye, it'll jist be talk. She'll be in soon, John. Come tae bed.

JOHN: D'ye think mebbe I should gae oot lookin for her?

MAGGIE: No! Ye'll only vex her. Come tae bed.

JOHN: *Goad!* Time she was feart on angerin *me*! *(Strongly)* She's ma lass, and it's up tae me - aye and you - tae see that she behaves hersel! Vex her? I'll vex her a right! *(Pause)* Sh! Whit was that?

MAGGIE: Bertie. I'd better awa through wi another dose ... ...

JOHN: I thought I heard someone at the close-mooth.

Bertie starts to cough: intermingled with it is Jenny's laugh, Distant.

MAGGIE: *(Struggling up)* Oh, I'm that tired! Every bloomin night I've got tae rise ... ...

JOHN: Stay whaur ye are; I'll see tae Bertie.

MAGGIE: The bottle's on the dresser, tak ben a spoon wi it.

As soon as John has gone out, there is the sound of Jenny and a man talking softly, laughing together.

Maggie goes quickly to the window and listens. When she hears John returning, she scuttles back to bed. John sets down bottle and spoon, opens door and stands, listening.

MAGGIE: Come tae bed, John.

JOHN: Jenny's doon there wi a fella.

MAGGIE: If she's safe hame, ye needna worry ... ...

JOHN: I'm gaun doon.

He puts on his jacket.

MAGGIE: Don't go doon, John ... ... ye'll only vex her, I tell ye! Speak tae her in the mornin.

JOHN: Whit's the matter wi ye, Maggie? Are ye no carin whit sort o a life Jenny's leadin?

MAGGIE: I'm no wantin her tae leave hame! I'm no wantin ony trouble atween the three o us.

JOHN: She's got tae be spoke tae.

He goes out. Maggie sits up straight, her eyes straining at the door through which presently come angry voices: then John comes in holding Jenny by the arm. She is about eighteen, made up boldly (for the nineteen-thirties): her lipstick is spread over her mouth, her coat and blouse undone, her hair tousled.

JENNY: *(Furious)* Leave me go!

She shakes herself free and she and John stand glaring at each other. Maggie is watching fearfully.

JENNY: Makin a bloomin fool o me in front o ma friend!

JOHN: Where hae you been till this time o night?

JENNY: That's nane o your business. I'm grown up noo.

JOHN: Don't you speak tae me like that. I asked ye whaur ye'd been.

JENNY: An I tellt ye! Nane o your damned interferin business!

MAGGIE: Jenny! John!

John takes Jenny by the shoulders and shakes her.

JOHN: Where wis ye? Answer me!

JENNY: At the pickshers.

JOHN: The pickshers comes oot at hauf ten. Where wis ye efter?

JENNY: *(Sullen)* Wi Nessie Tait an a coupla friends.

He lets her go and she flops into a chair, glaring sullenly at him and rubbing her shoulder.

JOHN: I don't approve o yon Nessie Tait.

JENNY: That's a peety. I dae.

JOHN: Ye impident little bitch! What I ought tae dae is tak ma belt tae ye.

JENNY: Jist you try it!

JOHN: The next time you come in here at this time o night

wi yer paint smeared a ower yer face, I wull! Look at yersel!

He drags her over to a mirror, then propels her, resisting, to the sink, where, holding her head under his arm, he scrubs off her make-up.

There! And in future, you'll let yer hair grow tae the colour God meants it tae be an leave it that wey.

JENNY: Mebbe I wull ... an mebbe I'll no. It jist depends.

JOHN: I'm wantin nae mair sauce frae you, Jenny. I'm speakin tae ye for yer ain good. Whit'll the neighbours think, you comin hame at this time o night an staundin in the close wi a man.

JENNY: Whit dae I care whit the neighbours thinks? An I suppose *you* never stood in a close yersel?

Ernest appears at the door of the "back parlour" and stands there in his bare feet and wearing an old coat over tattered pyjamas, taking everything in.

JOHN: I ken ma ain sex, Jenny, an it's you I'm thinkin aboot.

JENNY: Ye can save yer breath, well. I ken how to look efter masel. I'm no as green as I'm cabbage lookin ... ... an talkin aboot cabbages ... ... I'm chuckin the shop.

JOHN: Ye're daein whit?

JENNY: You heard. I'm done wi the fruit an veg. Look whit they done tae ma hauns! Scoopin up clarty tatties an carrots the rats has been at, forbye yon aul skinflint that's the boss aye gaun on at ye, an aye checkin the takins. Naw. I've had enough o that.

JOHN: And whit, may I ask, dae ye propose tae dae, my lady?

JENNY: I've got a job.

MAGGIE: *(Eagerly)* Oh whit kind, Jenny? Whit kind?

JENNY: In a joolers. Yon wis ma new boss I wis wi the night.

John and Maggie look at each other, disturbed.

JOHN: Is that so? Whaur's his shop? I'm yer fayther an it's ma right tae have a word wi this ... new boss.

JENNY: *(Rather scared, but determined)* You've a fat chance o that, for I'm no tellin ye. *(As he takes her by the shoulders)* I'm no tellin ye naethin! I'm no tellin ye whaur I'm workin. I had enough o Ma waitin at the shop door every Friday closin time, wi Chrisdtopher yellin an Marina rinnin aboot, an Ma askin for chipped apples an bashed tomaties an disgracin me afore the hale shop.

MAGGIE: I didna mean tae aggravate ye, Jenny. It wis jist that I wis aye needin yer money sae sair ... ...

JOHN: The impidence o ye! It's your duty tae hand ower every penny ye earn tae her that's looked efter ye a yer days.

JENNY: Oh, is that so? Well ma duty's finished. From noo on, what I earn is mines. It's no ma job tae keep your weans. It's *yours*.

MAGGIE: Jenny!

JENNY: I didnae ask tae be born. No intae this midden. The kitchen's aye like a pig-stye ... there's never ony decent food, an if there wis, ye'd hae nae appetite for it ... an sleepin in a bed-closet in aside a snorin aul wife. Naw. I've had enough. I'm gonna live ma ain life.

JOHN: *(Placating)* Things'll no aye be like this, Jenny. I ken it's no the hame for you yer Mammy an me would like, but it's no oor fault ... ... It's ... it's the way things are.

JENNY: Ach! It's aye bad luck wi you. Every time ye loss yer job, it's bad luck.

JOHN: Well, so it is bad luck! There's a depression on! D'ye no understaun?

JENNY: I understaun fine. *(She looks at him contemptuously, thrusts her face towards him)* Some men gets on an makes money, depression or no. Ithers hasna the brains.

          John has caught her drink-laden breath.

JOHN: You've been drinkin!

JENNY:	*(A slight suggestion of fear underlies her aggression)* Whit aboot it?
JOHN:	Whit have you been drinkin?
JENNY:	Water!
JOHN:	By Goad! If ever a girl asked for it! *(He shakes her roughly)* Whit have you been drinkin?
JENNY:	Jist ... a couple gins.
JOHN:	*(Letting her go suddenly)* Right ye are, ma lady! Right ye are! No content wi paintin her face and dyin yer hair an stayin oot hauf the night, ye're drinkin gin! Cairry on! Ye'll land in the gutter, and when ye dae ye needna come tae me tae pick ye up.

Edie appears at the other door.

JENNY:	Ye needna worry! When I leave this rotten pig-stye I'm no comin back. There's ither things in life ... ... so ye'd better hang on tae yer job this time. If ye can!

John hits her across the face. Edie screams and runs across to her mother and get in beneath the blankets. John and Jenny face each other in a frozen silence, broken by Edie's frightened sobbing: her mother's soothing noises. Marina waken up.

MARINA:	Mammy, is ma Daddy drunk?
MAGGIE:	No, no pet. It's a right. Go tae sleep.
MARINA:	I canna get tae sleep, Mammy ... ... Is ma Daddy angry?
JOHN:	*(To Jenny)* Clear aff you, tae yer bed.

Jenny marches off with her nose in the air, watched by Maggie. John goes to the bed and opening the curtains, quietens Marina. We don't hear what he says.

MARINA:	A right Daddy. I'll go tae sleep. *(Pause)* Wull *you* go tae sleep if I go tae sleep Daddy?
JOHN:	Aye I'll go tae sleep. *(Puts his head in his hands and whispers: Christ! He turns and sees Ernie still standing in the doorway).* Wit are *you* daein oot o bed? Clear aff!

         He assists Ernest off with a kick, then walks slowly to the window and looks out into the night.

MAGGIE: *(Timid)* Come tae bed, John.

         John does not answer. He lights a fag-end and continues to stare out of the window.

End of act one

ACT TWO

Scene one

Scene: *The same. A week later.*

The kitchen is fairly tidy. Granny's bed-ends and mattress are propped against the wall: she is sitting, dressed in her outdoor clothes and surrounded by her worldly belongings. Mrs. Harris and Mrs. Bone are keeping her company

GRANNY: It's awfu tae be aul an kicked aboot frae yin hoose tae the ither.

Mrs HARRIS: Aw, cheer up, Granny. Have anither strippet ba. Whaur did ye pit them? *(Rummages through one of the bags and locates sweets)* There ye are! *(She pops one into Granny's mouth. Granny takes it out again, looks at it, and, satisfied, sucks contentedly).* That'll keep her quiet for a wee while. Hoo's yer keeker the day? *(Peers at Mrs. Bone's Mahogany-coloured eye)* Och, it's no near as bad as the last yin ye had. Whit did ye bump intae this time?

Mrs.BONE: The mangle ... ... Mrs. Morrison's shairly bein kep a lang while at the hospital. I hope it's naethin serious we wee Bertie; yon's an awfu-like cough he's got. Nicht efter nicht I hear him hechin awa.

Mrs HARRIS: Aye. Chests is chancy things. I mind when oor Wullie had the pewmony, I wis up a day an a nicht. No a wunk o sleep did I get till he'd past the crisis ... ... and there wis his feyther, lyin snorin his heid aff.

Mrs.BONE: They men!

Mrs HARRIS: Aye, they men! But if their nebs is rinnin, they think they're deein.

Mrs.BONE: I hope it's no pewmony wi Bertie, but I wouldnae be surprised, I wouldnae be surprised ... ...

	I'm never surprised at onythin! I mean, aboot the human body I'm no surprised.
GRANNY:	Eh dear! I'm deserted! Lizzie's forgot me!
Mrs.BONE:	Nutt at a! Of course y're no deserted. She'll be here in a wee minute. *(To Mrs. Harris)* Puir aul thing!
GRANNY:	I ken they way it is; I'm nae that dottled that I dinna ken I'm no wantit. I'm naethin but an auld nuisance tae Maggie an Lizzie.
Mrs HARRIS:	Whit an idea! Ye're no an aul nuisance at a! I'm shair they'll miss ye something *terrible* when ye go.
GRANNY:	They'll no miss me. But they'll miss ma pension tae buy a bit bacon on a Friday nicht. Maggie aye bought a bit bacon wi ma pension. No that I got ony; I jist got the smell o it an a bit dipped breid. *(Pause)* She said I'd nae teeth tae chow wi. Wait till she's aul hersel wi nae teeth.
Mrs HARRIS:	Aye, it's a terrible bad arrangement that. When ye loss yer teeth, ye should loss yer appetite wi them.
GRANNY:	Eh, deary dear! I'm wearied waitin.
Mrs.BONE:	*(Giving Mrs. Harris a dig in the ribs)* Sing us a wee song, Granny, tae pass the time.
	Granny turns her head slowly and looks long at Mrs. Bone.
GRANNY:	*(Reproving)* Singin's for rejoicin.
Mrs.BONE:	*(With a giggle)* Oo, that's me pit in ma place!
GRANNY:	An I'm no gettin up an dancin the Hielan Fling for ye either. *(Darkly)* I'm jist sittin here ... thinkin' ... there's on-gauns in this hoose ... ... yon lassie that Alec's mairret on ... ...
Mrs HARRIS:	Isa.
GRANNY:	Aye, Isa. She's a tink. A tink. Maggie should rin her oot o the hoose. Mark ma words.
Mrs.BONE:	Oh aye, Granny; we'll mark them.
	There is a peremptory knock on the door.
	That'll be Lizzie. Jist the cheeky kind o knock she'd hae.

Mrs. Harris opens the door to Lizzie, a hard-faced harridan about fifty.

LIZZIE: *(Ignoring the others)* Well? Ye ready?

Mrs.BONE: Ready? She's been sittin here waitin on ye for the last hauf-oor.

LIZZIE: Got a yer claes packed? An yer pension book?

GRANNY: Aye, Lizzie; it's here.

LIZZIE: See's a look at it.

Granny starts to fumble with her bag. Mrs. Bone goes to help her.

Hev they men no been for the bed yet?

Mrs HARRIS: If they'd hae been for the bed it wouldna be staunin up against yon wa, would it?

LIZZIE: *(Taking the pension book from Mrs. Bone)* Here! Ye've drawn this week's. Ye got the money?

GRANNY: Naw, Lizzie ... I gied it tae Maggie.

LIZZIE: Well, it's no Maggie's, it's mines. If ye're comin tae bide wi me, ye're no comin tae bide *aff* me.

GRANNY: She got some things aff the grocer she'd tae pay for, an she wis needin a vest an socks for Bertie gaun up tae the hospital.

LIZZIE: Oh? So Bertie gets new socks at ma expense, does he? And whit does she think you're gonna live on for the next week? Air?

Mrs HARRIS: Ach, leave the puir aul wife alane. Shairly ye can scrape up a bit tae eat for her; it's no as if ye wis takin in a big hulkin brute o a man tae feed.

LIZZIE: I'm no takin in naeboby tae feed. Folks that canna pay for their meat'll find nae room in ma hoose.

Mrs.BONE: Oo! An her yer puir dead husband's mither. Oo! I'm surprised at ye, Lizzie Morrison.

Mrs HARRIS: I thought you said you wis never surprised — at anythin human.

Mrs.BONE: That's jist whit I said: *anythin human.*

They both stare hard at Lizzie, then shake their heads at each other.

LIZZIE: I've tae earn every penny that comes intae ma hoose.

Mrs HARRIS: Aye, we ken that. An ye don't dae sae bad either, ye aul miser. Buyin up aul claes for a copper or twa an sellin them at sixpence a week … …

Mrs. BONE: Or she'll loan ye the dough tae buy them outright - at fifty percent.

Mrs HARRIS: Aye, she's got a right kind heart, she wouldae see ye stuck; no if she could mak a guid thing oot o it.

LIZZIE: Ye're jealous! Ye hevna the brains tae mak a bit yersels. But ye're no above tradin wi me when it suits ye. Aye, an gettin a bargain.

Mrs HARRIS
Mrs. BONE: A bargain? Frae *you*?

They look at each other and shake their heads.

Mrs HARRIS: I canna mind ony bargain.

LIZZIE: Whit aboot yon veloory hat ye bought aff me?

Mrs HARRIS: Veloory hat? Veloory hat? … … Oh, ye mean yon scabby aul felt bunnet wi the moultin bird on tap? Oh aye, I mind! If yon wis veloory, I'm a wally dug.

LIZZIE: It wis veloory. It belanged tae a lady in Kelvinside whaur I did a bit on a Saturday.

Mrs. BONE: A bit whit? Pinchin?

LIZZIE: Here! I could pit ye tae the Polis for that.

Mrs HARRIS: No roon aboot here ye couldnae. They a ken ye.

GRANNY: Oh' I'm nae wantin tae leave here! I wisht I could bide wi Maggie till I dee!

LIZZIE: Bide then!

GRANNY: Ye ken I cannae bide. Alec an Isa's needin the room.

Mrs HARRIS: Some folks is right selfish. You've naebody but yersel tae think aboot, an ye'll no tak the aul wife aff Maggie's hauns wi'oot kickin up a fuss.

Lizzie sits down and loosens her coat.

Mrs. BONE:	I thought you wis in a hurry tae get aff?
LIZZIE:	I'm sittin right here till Maggie comes hame wi whit's left o Granny's pension.
Mrs. BONE:	Huh! Whit a hope you've got. Whit d'ye think'll be left?
LIZZIE:	Aye ... mebbe y're right ... ... In that case, I'll jist hae tae tak whit she bought.

She gets up and goes to open food cupboard. Mrs. Harris grabs her.

Mrs HARRIS:	Here! Mrs. Bone and me's in chairge o this hoose till Lily comes; you keep yer dirty aul neb oot of the cupboards or we'll shout for the Polis.
Mrs. BONE:	An y're no wantin *them* ... no efter whit happened last Christmas. Wis it ten days she got, d'you mind, Mrs. Harris for yon wee fraud wi the Club fund?
Mrs HARRIS:	Aye. Ten days. It wis right bad luck her bein fun oot, wasn't it?

A sharp knock on the door. Mrs. Harris lets in Lily. She looks around, surprised.

LILY:	Maggie no hame yet?
Mrs. BONE:	No yet, Lily. They're keepin her a lang while at the hospital.
LILY:	And the men hasnae come for the bed?
Mrs HARRIS:	Aw well, ye ken whit they Hoggs' men is; aye like the coo's tail and as much cheek when they dae show up.

Lily turns to Lizzie.

LILY:	Well, Lizzie ... ...nae sense in the baith o us hangin on. ... ... I'm here noo.
LIZZIE:	Aye. So I see ... ... Didnae expect tae see you. Hev they sacked ye at last?
LILY:	I'm servin the night. I can shairly get a bit of the day tae masel. No that it's ony o your business.
LIZZIE:	Funny tae me the way you can aye be bobbin in an oot o Maggie's. Ye must hev an awfu nice boss ... ... Or mebbe you're awfu nice tae him, eh?

LILY: Jist whit dae ye mean by that?

Mrs. BONE: Tak no notice o her, Lily. Her tongue's that rotten
          it'll drap aff yin o they days.

          There are sounds of girlish laughter on the stairs and a
          cheeky rat-tat-tat on the door. Lily opens it to Isa,
          Jenny and Alec. The girls are arm-in-arm and are
          convulsed with laughter at some joke not shared by
          Alec who looks glum.

ISA: Aw Goad! The aul yin's no awa yet.

JENNY: I tellt ye we'd rin intae them. It taks a stick o
          dennymite tae shunt Granny.

ISA: Whaur's ma dear mither-in-law? Oot at the jiggin?

LILY: Cut oot the impidence. Ye ken fine she's at the
          hospital wi Bertie.

ISA: Keep yer wig on. I jist thought she'd hae been here tae
          welcome me wi oot-stretched airms.

LILY: You'll get *ma* ootstretched airm in a minute.

          Jenny and Isa look at each other, lift their shoulders,
          heave mock sighs.

JENNY: *(To Isa)* See whit I mean, Isa?

          They both slowly survey the other women, looking
          them over, up and down and shaking their heads.

ISA: Aye Jenny. I see whit ye mean ... ... Ach well ... they
          canna help it. *(To Alec who has found himself a chair*
          of some sort) Get aff that an let me sit doon!

ALEC: No, I'll no! I had it first. *(For a brief moment he faces*
          her boldly, then he wilts and removes himself to lean
          morosely against the wall)

Mrs. BONE: *(Enviously)* My, Isa! I could dae wi a leaf oot o your
          book!

          Isa gives her a long hard stare.

ISA: Oh aye ... ... You're the yin that lives up the stair? ...
          ... Ye lost the battle years ago, hen.

JENNY: *(To Granny)* Well, ye've got plenty o company noo,
          Granny.

GRANNY:	Aye, Plenty o company.
JENNY:	*(To the room)* She's got plenty o company, she says.
Mrs. BONE:	*(Rising)* Well I'm shair I'm no one tae stay whaur I'm no wantit. Come on, Mrs. Harris.
Mrs HARRIS:	Aye, Comin. *(To Jenny)* You're a right cheeky wee bizzim, Jenny Morrison. Serve you right if the next time your Mammy's needin me or Mrs. Bone, we'll no come; an *you'll* hae tae bide in.
JENNY:	Oh but I'll no be here! I've seen the last o you auld tea-sookin tabbies. This little birdie's flyin awa frae the nest ... ... Pit *that* in yer pipe an puff it oot tae the neighbours.
Mrs. BONE:	An whaur is the little birdie flyin tae, may I ask?
JENNY:	Ye can ask, but that disnae mean ye'll be tellt.
ISA:	High time ye wis flyin, Jenny. Whit a nest!
LILY:	You wis glad enough tae fly in here when yon midden ye wis in fell doon aboot yer ears.
ISA:	Oh aye, but we're jist bidin meantime tae help the aul folk oot wi the rent. Ten shillins a week we're payin. Aren't we Alec?
ALEC:	*(Surprised)* Eh? Oh aye. Aye. That's right.
LIZZIE:	Gettin ten shillings aff yous and takin Granny's pension tae? Who says I'm no takin yon groceries?
LILY:	*(Grabbing her arm)* I says.
	There is a loud thump on the door. Jenny lets in The removal men. *Mrs. Harris and Mrs. Bone who had been ready to go, sit down again.*
1st MAN:	H'ya Granny! For the road again, eh? My, the rare time you hae tae yersel.
	Granny bows her head and starts to cry.
	Aw, cheer up.
GRANNY:	I'm nae wantin tae gae wi Lizzie. I'd raither bide wi Maggie.
1st MAN:	*(Straightening up and looking at the grim-mouthed Lizzie)* Aye Imphm.

LILY: Come on, Granny. Ye ken Maggie's had ye near a year and there's nae the room! And aside frae the room, Maggie's tired oot wi Bertie ... ... (*Looking balefully at Isa and Alec*) and a her ither troubles. So come on, be a good girl. Eh? For Maggie.

She helps Granny to her feet and collects her belongings. Meanwhile the second man has been whistling under his breath and giving Isa and Jenny the eye.

2nd MAN: D'ye fancy blondes or brunettes, Joe?

1st MAN: Jist so lang's they're (*He illustrates 'curved'*) I tak them as they come. (*He goes 'click-click' to Jenny who tosses her head*).

2nd MAN: (*Grabbing bed-end*) Old iron, old iron, any any any old iron. It's a wunner tae me this buggerin bed disnae walk doon the stairs an oan tae the lorry itsel.

GRANNY: I'll no be callin oan ye again, lads; I'll no gang doon they stairs again, oxtered by Maggie an Lizzie. Next time it'll be ma box.

LILY: Och Granny, dinna talk daft.

GRANNY: Na na Lily. I ken ... ... the Lord has beckoned me.

Jenny and Isa snigger.

ISA: Well, next time he beckons, jist you go.

Granny sets up a terrible wail. The 1st man approaches Isa grimly: she looks up, surprised.

Ist MAN: Ye didna mean that, did ye? *Did ye?* (*Isa is taken aback*) Tell yer Granny ye didna mean it.

ISA: She's no ma Granny.

1st MAN: Tell her ye didna mean it.

ISA: I didna mean it.

1st MAN: She didna mean it, Granny.

ALEC: (*Unsticking himself from the wall and cackling*) He soarted you, Isa! He soarted you!

Isa turns a vicious look on him and he wilts.

ISA:	Jist you wait!
2nd MAN:	Come oan, come oan, get a move oan. Here, we'll tak the bed doon first an come back for the mattress.

They go out with the spring

Mrs HARRIS:	My, whit a rare-lookin chap yon big fella is. And nice, tae. Bet he has his fun, eh?
JENNY:	It's no likely tae be wi you, hen.
Mrs HARRIS:	I've ma ain man!
JENNY:	Aye. So ye hev. We've met on the stairs. Heavy breather.
Mrs HARRIS:	Well, he's gettin oan!
JENNY:	Oh, is that it? I've whiles thought he wis trying tae get aff.

Jenny and Isa clutch each other and giggle. Mrs. Harris glares at them.

LIZZIE:	*(To Granny)* Well, if ye've had yer greet, we'll get on. *(To Lily)* An I'll get yon pension money oot o Maggie. I'm no as saft as I look.
ISA:	Saft? *Saft?* They dug you oot o a quarry.
LIZZIE:	If I wis you, Alec, I'd wallop that impident wife o yours till she wis black an blue.
ISA:	Wallop me? He wouldna dae that tae me, would ye, sweetheart?

Alec grins foolishly, and shuffles his feet. The men come back.

Ist MAN:	Ups-a-daisy! *(To Alec)* Here, Mac, like tae gie's a haun wi the bed-ends? That'll let him tak doon the mattress.

Alec makes a move to comply.

ISA:	Here you! Whit d'yous think ma husband is? A bloomin cairter?
2nd MAN:	Ye don't mean tae tell us you're merriet tae *him*?

He gives a long low whistle and shakes his head.

1st MAN:	Come oan, cut it oot! We'll pit the mattress oot on the stairheid.
2nd MAN:	Aye, a right. Cheerio girls. Sorry we canna gie ye a lift on the lorry, Granny, but we're no allowed tae cairry livestock.
LIZZIE:	We'll tak a penny on the tram, and if yous two's no at the hoose in hauf an hoor, I'll ken whaur tae look for ye.
1st MAN:	That's a right Sweetheart; come right in an we'll let ye staun us a pint.

They clatter off, whistling.

JENNY:	Bloomin cairters! Cheek!

Lizzie, none too gently, takes Granny's arm.

LIZZIE:	Come on then.
GRANNY:	Leave go! I canna rin awa!

In the doorway, left wide open by the removal men, stands Maggie. She carries Bertie's clothes over her arm and his boots, laces tied together, dangle from her fingers. She is sobbing. They all look up at her.

LILY:	(Running forward) Maggie?

Maggie leans against the door-jamb and sobs helplessly.

MAGGIE:	They've kep him in.
NEIGHBOURS:	Aw! Naw!
GRANNY:	Maggie, Maggie, she says ye're tae gie back ma last week's pension.
MAGGIE:	Fancy them keepin him in ... I never thoucht ... ...
Mrs HARRIS:	Is it the bronchitis, Mrs. Morrison?
MAGGIE:	No it's no bronchitis, ... it's T.B.

Lily comforts her.

Mrs BONE:	I kent it! I kent it! I says tae *him*, I says, yon's a T.B. cough!
LILY:	Shut up, you! Don't cry, Maggie. (*She puts her arms*

*round Maggie and leads her towards the chair occupied
by Isa to whom she hisses:)* Shunt, you! *(Isa gets up)*
It's better for Bertie tae be in the hospital; they'll pit
him right there. Doctors are that clever noo.

Mrs HARRIS: T.B.! My! That's bad. Puir wee fella!

Mrs BONE: *(Giving her a poke in the ribs)* Och awa! They can dae
a soarts o things wi lungs. Ma sister Mary's hubby
went up regular tae hae a lung taken oot and blew up
an pit back.

JENNY: Whit a lot o rot!

Mrs.BONE: I'm tellin you, Miss Cleversticks! There's a big word
for yon operation. Numey-somethin.

JENNY: Lungs is no penny balloons. *(To the still sobbing
Maggie)* Och, Mammy, don't cry. *(Pause) Mammy!
(To Isa)* Ma Goad! Did I no tell ye? It's like this a the
time! Yin trouble efter anither! I've never kent it ony
different! D'ye *blame* me ?.

*Isa gives Jenny a sympathetic head-shake and they sigh
in unison.*

ISA: Like we said .. it's no livin, is it?

GRANNY: Maggie, I'm awa tae Lizzie's.

LIZZIE: Aye we're awa. *(With an effort)* Sorry about the wean,
Maggie. Ye should hae went up wi him afore. Come
on then, Granny, or they men'll be at the hoose afore
us.

She grips Granny's arm: Granny fights her off.

GRANNY: I can manage masel.

*At the door, Granny looks back at the crowd, then at
Maggie, but Maggie is too upset to notice.*

Mrs HARRIS: *(As the door closes behind them)* Och, the puir aul
soul.

LILY: *(Appealing to both neighbours)* See! *(She indicates the
sagging heap that is Maggie)* Thanks very much for
helping oot, but ... ...

Mrs HARRIS: That's a right, Lily. Ye're welcome, any time.

MRS. BONE: *(A pat on Maggie's back as she goes out)* We'll tak a wee look in later tae see if there's onythin new.

Mrs Harris and Mrs. Bone go off together. Alec, Who has slipped immediately into a vacated chair, chews his nails, his eyes on Maggie.

MAGGIE: He looked that wee in yon hospital cot, and the doctor said ... he said ... why was he no attendin the chest clinic? He was angry. He said something tae the nurse ... *(She breaks into helpless sobs again)*.

LILY: *(Taking the little shoes from Maggie's finger and folding Bertie's clothes)* Never heed, Maggie; never heed they doctors; they're aye crabbit at they clinics ... ... Whaur's John?

MAGGIE: He jist saw me ontae the tramcar at the hospital gates; he said he'd ... *(She raises her eyes and looks pointedly at Jenny)* ... ... be hame later.

LILY: Oh! Aye. I get ye. *(She turns to look at Jenny who stares back at her resentfully)*.

In the following silence, Alec gets up and crosses to his mother, sits on the arm of her chair and pats her back. She puts up a hand which he takes: she gives him a watery, loving smile.

MAGGIE: Ye a right, Alec? An Isa?

ISA: Oh aye! I'm a right. Sorry aboot Bertie, but he's faur better aff in the hospital.

JENNY: Aye, he couldna get well in this midden o a place, Mammy.

MAGGIE: Tae think I ever grudged gettin up tae him in the night!

JENNY: Och, *Mammy*!

MAGGIE: Jenny ... ... ye'll no leave us ... ... will ye?

JENNY: *(Sighing)* Mammy, there's nae *difference*. Aye, I'm gaun. I'm jist waitin till Nessie gets back frae the factory so's I'll no go intae a cauld hoose. *(As Maggie looks at her with eyes full of reproach)* Uch! *(She turns her face away)*

MAGGIE:	Ye're breakin yer Daddy's heart, that's whit ye're daein! *(Jenny doesn't answer)* Ye'll ... ... ye'll come back an see us ... ... often, Jenny?
JENNY:	Aye ... well ... I'm no making any proamises. *(She gets up and goes towards bedroom)* Ma, ye've got Daddy an Lily an Alec an the weans. Ye'll no miss me oot o the hoose. I'm hardly ever in it.

Jenny goes into the bedroom.

MAGGIE:	I dinna ken whit way we bring weans intae the world at a. Slavin an worryin for them a yer days, an naethin but heartbreak at the end o it.
ALEC:	Aw, come on Ma, cheer up. *(He smooths her hair: she looks up at him gratefully, lovingly, and lays his hand to her cheek. Isa looks at them and laughs).*
ISA:	Mammy's big tumphy! G'on, ye big lump o dough!

Alec disengages himself from his mother and grins feebly.

LILY:	My you're a right bitch, Isa. Yin o they days you'll get whit's comin tae ye. Alec's no as saft as he looks.
ISA:	Is he no, Auntie? I'm right gled tae hear it.

Jenny comes in with a suitcase.

JENNY:	Well, I'm awa. Cheeribye, everybody.
LILY:	Goodbye. And good riddance tae bad rubbish.

Jenny sticks out her tongue.

MAGGIE:	Jenny, whit am I goin tae tell folks?
JENNY:	Folks? Ye mean the neighbours? If they've got the impidence tae ask, tell them it's nane o their bloomin business.
MAGGIE:	Oh Jenny, Jenny! Whit's happened tae ye, Jenny?
JENNY:	Whit's happened? I've wakened up, that's whit happened. There's better places than this. Jist because I wis born here disnae mean I've got tae bide here.
LILY:	Gie yer Mammy a kiss.
JENNY:	*(She wavers for a moment, then tosses her head)* I'm

no in the mood for kissin. Cheerio, Isa. Mind whit I tellt ye.

ALEC: Aboot whit? *(He creeps forward, suspiciously to Isa)* Whit did she tell ye, eh?

ISA: *(Pushing his face away)* A bed-time story; but no for wee boys.

Maggie looks helplessly on, combing her hair with her fingers.

LILY: Clear aff then, if ye're gaun!

ISA: Ta ta, Jenny. See ye roon the toon.

JENNY: Aye. Ta ta.

The door opens. John comes in. He and Jenny look at each other.

JOHN: *(Wretched)* I thought ye'd hev gaun.

JENNY: Naw. Jist gaun.

He lowers his eyes from her face and stands aside to let her pass. He turns and watches her from the doorway until her footsteps die away and the outside door bangs. Then he turns to Maggie. Lily goes over to Isa, gives her a shove, indicating the bedroom door: does the same to Alec who follows Isa, but with a backward look to Maggie and John. Lily goes off by the other door.

MAGGIE: *(Pointing to the pile of clothes with the little scuffed shoes on top)* John they've kep him in.

She starts to cry again: he comforts her.

JOHN: I wis afraid o that; but it's better, Maggie, it's better.

MAGGIE: I didna want him kep in; I didna want him left in a strange place! He'll be feart! He'll be cryin for his Mammy!

JOHN: I ken, Maggie. I ken. He'll be cryin for his Mammy the way I'm cryin for Jenny. *(Pause)* Ma first bonnie wee girl. Aye laughin. Ridin high on ma shoulders ... ... Tell me a story Daddy ... ... Tie ma *soo*-lace, Daddy ... ... *(Despairing)* An I couldna mak enough tae gie her a decent hame. So! She's left us! She's as guid as deid tae us.

MAGGIE: Naw! Ye've no tae say that! She'll come back.

JOHN: *(Shaking his head)* Naw. Naw. She's deid tae me.

He sinks down into a chair and is silent.

If I could hae jist ... ... jist done better by ye a. If I could hae ... ... *(Head in hands, eyes on floor)* ... ... If! If! ... ... Every time I've had tae say 'no' tae you an the weans it's doubled me up like a kick in the stomach.

He lifts hes head and cries out:

Christ Almighty! A we've din wrong is tae be born intae poverty!

Whit dae they think this kind o life dis tae a man?

Whiles it turns ye intae a wild animal. Whiles ye're a human question mark, aye askin why? Why? *Why*?

There's nae answer. Ye end up a bent back and a heid hanging in shame for whit ye canna help.

Fade out lights

End of Scene One

ACT TWO
Scene Two

Scene: *The same. A month later. Afternoon.*

Alec and Isa are quarelling in the bedroom: their raised voices are heard off. Isa comes out in a soiled, tawdry negligée with her hair about her shoulders, a cigarette hanging from her lip.

ISA: Aw shut up! I'm sick o yer jawin.

ALEC: *(Appearing behind her, half dressed)* I'm tellin ye, Isa, I'll no staun much mair! I'm jist warnin ye. That's a.

ISA: An I'm warnin you! If you think I'm gaun on like this a ma life, ye've anither think comin. You're no the only pebble on ma beach, no by a lang chalk. If you want tae keep me, it's time ye wis makin a bit o dough again. I canna live on air.

ALEC: *(Placating)* Come an we'll go tae the dugs the night, Isa; mebbe we'll hae a bit o luck.

ISA: Aye. *Mebbe.*

ALEC: Mind the last time I won ... ...

ISA: Aye, an I mind the last hauf dizzen times ye lost ... ... Whit did ye dae wi yon bag?

ALEC: I flung it ower a wa.

ISA: Ye stupid fool! I'm needin a bag.

ALEC: It's no safe, Isa ... ... ye've got tae get rid o the evidence ... ... the Polis ... ...

ISA: Three quid and a handfu o coppers! A fat lot o use that is tae me. Why the Hell did ye no pick on a toff! We wis in the right district.

ALEC: She looked like a toff; honest, Isa! She'd on a fur coat ...

ISA: Whit kind o fur? Rabbit? You're that dumb ye wouldnae ken. Next time, I'm no jookin up a lane, I'm stayin wi ye.

ALEC:	No ye're no! It's no safe. Ye've got tae be able tae rin fast.
ISA:	Rin! That's a you're guid for. Rinnin. It's aboot time I wis daein the rinnin. I'm sick fed up wi you. If I'd went wi Peter Robb I'd hae a fur coat an it wouldna be rabbit. An he's got a caur ....
ALEC:	You say Peter Robb tae me again an I'll kill ye! I wull! I'll kill ye!
	He gets hold of her by the throat: she makes "strangling" noises. He panics and drops her.
ISA:	*(Frightened first, then angry)* You ...! Ma Goad! *(She rubs her throat)* You'll pey for that!
ALEC:	Isa! Did I hurt ye? I didnae mean tae hurt ye ...... I lost ma heid.
ISA:	Get oot! Clear aff oot o ma sight!
ALEC:	Isa, I'm sorry. I jist see red when ye talk aboot Peter Robb. I canna see naethin but him an you taegether ... an the way ye wis last night, cairryin oan wi him.
ISA:	Aye! Ye can use yer hauns a right on a wumman; but if ye wis hauf a man, ye'd have kicked his teeth in last night.
ALEC:	He's bigger nor me ... he'd have hauf-killed me!
ISA:	Fancy me mairryin a rat like you. The joke wis on me a right.
ALEC:	Isa, I'll hae plenty again ... you'll see ... I've a coupla pals that's got ideas ...... wait on, Isa! I'll get ye onythin ye want ...... a fur coat an crockydile shoes ... ye said ye wanted crockydile shoes ...... I proamise, Isa! I proamise! ...... if ye'll stay wi me ... ... I love ye, Isa; honest, I dae. I love ye.
ISA:	*Love!* Hee-haw! There's nae sich a thing. There's wantin tae get intae bed wi someone ye fancy ... or wantin someone'll let ye lie in yer bed an no have tae work; but there's nae love. No roon aboot here, onyway. Don't kid yersel.
ALEC:	*(Trying to take her in his arms)* That's no true! I love

ye. I'm no fit for onythin when ye're oot o ma sight. I'm lost ... ... waitin on ye comin back ... ... I get tae thinkin ... ... an wonderin whaur ye are ... and if ...

ISA: If I'm behavin masel? Well, hauf the time, I'm no.

ALEC: Isa!

ISA: Aw shut up! *(She pushes him away)* Ye're aye wantin tae slobber ower me. If ye wis onythin decent tae look at it wouldna be sae bad, but ye're like somethin that's been left oot a night in the rain. G'on blow! I canna staun yer fumblin aboot - unless I'm canned. Get oot ma way. I'm gonnae get dressed.

She slams the bedroom door in his face. He stands looking at it. Maggie comes in. Clearly she is dead beat. She has a shabby bag in one hand and a little jar of jelly in the other. She sets the jar on the table and sinks into a chair. Alec has not moved.

MAGGIE: Alec? Whit's the matter?

ALEC: *(As if coming out of a trance)* Eh? *(He turns slowly to her)*

MAGGIE: Is there somethin wrang?

ALEC: Naw. It's a right.

MAGGIE: You an Isa's been at it again.

ALEC: She's threatenin tae leave me, Mammy!

MAGGIE: Ye'd be better aff wioot her.

ALEC: Don't you stert! I don't care whit you think! She's mines, an I'll no let ye speak against her, d'ye hear?

MAGGIE: All right, all right ... ... Aw, look at they dishes still sittin frae the mornin! Does nane o ye think o me comin hame tae this 3

ALEC: Aw shut up, shut up!

He suddenly sweeps everything off the table, then stands staring at the mess on the floor.

Aw, I'm sorry. I didnae mean tae ... I'll help ye clear it up. *(He looks up, pleading)* Mammy? Mammy?

MAGGIE: (*On her knees*) Ye've broken the dish o jelly Mrs. Ferguson gie'd me tae tak tae Bertie ... ... the nurse said he could get a wee tate on his breid. Well ... there's nae use greetin. Are the weans a right?

Alec takes the debris from her and disposes of it at the sink.

Did Isa gie them their dinners? I asked her ... ...

ALEC: She's jist new up.

MAGGIE: Jist new up? It's no fair! Naebody lifts a haun tae help me! I've tae go oot charrin a day and then come hame tae this! ... ... Whaur's yer feyther?

ALEC: Hevnae seen him.

MAGGIE: I suppose you wis in yer bed tae, a mornin?

ALEC: I wis tired!

MAGGIE: Too tired tae go doon tae the burroo? At least yer feyther does *that*.

ALEC: Whit's the use? There's nae jobs.

MAGGIE: Nae work for the men. Aye plenty for the women. Oh, I'm that sick I could see the hale lot o ye in Hell! (*Taking out her purse*) Would ye gae doon tae the chip shop and get a couple pies and some chips for wur tea?

ALEC: (*Squinting into her purse*) Aye a right Ma.

MAGGIE: Get ninepenny worth o chips an a tin o condensed. An then rin across tae the baker an see if there's ony stale tea-breid left. An if ye can find Edie an Ernest, send them up ... ...

ALEC: Ma, whit aboot a packet o fags?

MAGGIE: There's nae money for fags.

ALEC: Jist five Woodbine'll dae. I'm needin them.

MAGGIE: Ye're no needin them, Alec. Ye're jist *wantin* them; an ye'll hae tae dae a lot o wantin afore ye're deid.

ALEC: (*Shouting*) Aw shut up preachin at me! Ma nerves is a tae Hell! ... ... I feel like cuttin ma throat.

MAGGIE:	Whit wey is that tae talk?
ALEC:	There's nae use livin ... ... naebody cares whit happens tae me.
MAGGIE:	Alec, ye ken that's no true.
ALEC:	If I chucked masel intae the Clyde naebody'd care. I wisht I could! ... ... But she's right ... ... I hevnae the guts!
MAGGIE:	Alec, whit is it, son?
ALEC:	She says she's gaun wi Peter Robb. She says I'm nae use. Ma, I canna staun it if she goes wi him! I canna staun it!
MAGGIE:	My Goad! I'll gie that girl a piece o ma mind for gettin you intae this state. It's woke me up a bit tae find oot the way you twos been livin ... ... ye're shakin, Alec. Hev ye had onythin tae eat the day?
ALEC:	A cup o tea.
MAGGIE:	We should hae some spirits in the hoose. Whaur's Isa? Is she oot? *(Alec points to the bedroom)* Isa! Isa! Alec, lie doon a wee minute, ye're that white.
	She helps him over to the bed: Alec is play-acting for all he's worth, leaning on her and half-whimpering.
ALEC:	Oh ma, ye're that guid tae me.
	Isa comes out of the bedroom. She has a tawdry Lacy, Low cut slip on, and over it a dirty "film-starish" negligée.
ISA:	Whit's a the row?
MAGGIE:	*(Emptying contents of purse on table)* Alec's shiverin; he can hardly staun on his feet. Rin doon quick an get's a gill o whisky.
ISA:	A *gill*? There's no much in a gill.
MAGGIE:	An get a packet o Woodbine tae. An here! You've tae leave aff tormentin him!
ISA:	Me? Tormentin him? I'm no tormentin him!
MAGGIE:	Aye are ye! Threatenin tae leave him when ye ken

he's that daft aboot ye. Goad kens why, for ye're a worthless slut if ever there wis yin.

ISA: You keep yer insultin names tae yersel, ye dirty aul bitch!

MAGGIE: I'll learn ye tae ca me a bitch!

She slaps Isa's face. At this moment John comes in.

JOHN: Here! Whit's a this?

ISA: She hit me! She's that rotten tae me!

JOHN: Maggie! Whit dae ye think ye're daein?

MAGGIE: Naethin she didnae deserve. She ca'd me a bitch.

JOHN: Well, ye're certainly actin like yin.

MAGGIE: John!

JOHN: Ma Goad! Whit a hell o a hoose tae come hame tae!

MAGGIE: It's no ma fault! I've din a hale copper-fu o washin an scrubbed three floors an the hale lot o yous had naethin tae dae but lie in yer beds! Ye couldna even wash up a dish for me. It's me that aye has tae dae twa jobs when you get the sack!

JOHN: Aw, shut up harpin on that string. It's no ma fault. I've been oot lookin for work.

MAGGIE: Aye, I've seen yous men lookin for work. Haudin up the street corners, ca'in doon the Government ... ... tellin the world whit *you'd* dae if you wis rinnin the country ... ...

JOHN: Shut yer mouth or I'll shut it for ye!

MAGGIE: *(Shocked)* John! *(Pause)* Whit I meant wis ... ... ye could have tidied the place up afore ye went oot.

JOHN: Tae Hell wi this Jessie business every time I'm oot o a job! I'm no turnin masel intae a bloomin skivvy! I'm a man!

ISA: *(Softly)* Quite right. A woman disnae respect a man that's *nae* a man. *(To Maggie Well, whit aboot this whisky?*

JOHN: Whit's this? Whisky? There's nae drink comin intae this hoose!

ISA:	It's for Alec. He's nae weel, *she* says.
MAGGIE:	He's lyin doon.
JOHN:	If he's nae weel it's mair likely because his system's poisoned wi the stuff a'ready. Alec! Get oot o that bed an show yer face!
MAGGIE:	I tell't ye he's nae weel, John.

John goes across to the bed and drags Alec out.

| JOHN: | Get ootside and breathe some fresh air, at least whit passes for fresh air roon here. Ye're gettin nae whisky. D'ye understan? |
| MAGGIE: | *(Turning on him fiercely)* Who earned that money? You or me? |

John, as if he had been shot, drops Alec and turns away, slumps down in a chair and puts his head in his hands. Alec craftily sneaks some of Maggie's cash and slinks out. Maggie, resentful, eyes first Isa and then the demoralised John.

ISA:	That's the stuff! He's needin somebody tae tak him in haun. He's beyond me. *(She cries, not very convincingly)*. I cannae dae naethin wi him.
MAGGIE:	Oh, wull ye listen tae her! See they crocodile tears? It's a wunner ye can squeeze oot a drap frae they wee marble eyes!
JOHN:	Don't cry, Isa; he's nae worth it.
MAGGIE:	It's her that's the worthless yin! If she'd leave him alane ... ...
JOHN:	Maggie! That's no fair! She's upset.
MAGGIE:	*(Bitterly hurt at John's perfidy)* Oh, yous men! Big saft idiots the lot o ye.
JOHN:	It' *your* fault. You spoiled him frae the day he wis born. He's still your wee pet lamb no matter whit he gets up tae.
ISA:	Aye, he's jist a great big baby. If he disnae get whit he wants, he greets; tears rinnin doon his cheeks. It fair scunners me. I like a man tae *be* a man. Staun up for hissel.

MAGGIE: *(To John)* And I like a man ... ... *(Her voice breaking)* ... ... tae stand up for his wife.

She seizes her coat and hauls it on, jams on her terrible old hat (this should be black or dark brown) and goes to the table to pick up her money: when she sees how little Alec has left her, she can't help making a small sound. John looks up.

JOHN: Here! Whaur d'ye think you're gaun?

She looks at him coldly and doesn't answer. She goes out. There is a pause, then Isa laughs.

ISA: Oh ho! Ye've done it on yersel noo, Daddy. She's in the huff. She'll no be speakin tae ye.

JOHN: *(Uneasy)* Och no ... no. Maggie disnae take the huff ... ... hardly ever.

Isa comes up close.

ISA: Ye'll get the cold shoulder in bed the night, eh? Nae fun and games!

JOHN: *(Genuinely shocked)* Isa! Mind who ye're speakin tae!

ISA: I'm speaking tae you and why should I no? Ye're a man as well's ma faither-in-law.

John moves away, goes to the window, pulls aside the curtains: Throws up the sash and looks right, then left.

Goad! I'm freezin tae death! *(She hugs her arms and shivers)* Pit doon the sash.

He does so: Returns, troubled.

JOHN: I should hae gone tae the shops for her and let her hae a rest.

ISA: The shops? She's awa lookin for her wee boy in case he gets intae mischief.

JOHN: We shouldnae hae criticised him, Isa.

He smiles at her. They both burst out laughing.

ISA: My! Your eyes when ye laugh ... ... *(Pause)* Listen, don't you bother yer bunnet; it's no you she's mad at; it's me. She cannae staun the sight o me. Never could.

JOHN: Och, I wouldnae say that, Isa.

ISA: Right frae the stert. I took her wee boy away frae her. They're a the same, mothers. The first yin's aye his mither's big tumphy.

JOHN: Aye ... weel ... mebbe they cannae help it.

ISA: Mebbe no; but Goad help the wife that gets stuck wi the tumphy.

JOHN: She's been a guid mother tae the lot o them, Isa, and Goad knows we've had a tough time.

ISA: Aye ... well ... but she's been lucky. Lucky wi her man.

JOHN: Come aff it, Isa!

ISA: I mean it! I think you're great. Ye've ... ye've an *air* aboot ye.

JOHN: An air?

ISA: Aye. As if ye wis somebody.

JOHN: Hee-haw! In thae claes?

ISA: There's some can see whit's *under* the claes - if ye ken whit I mean. If you wis single, you could get a job in Canada, or Australia. Or even England ... but ye're stuck; pinned doon here wi Maggie and the weans.

JOHN: (Feebly) Y're no tae say anythin against Maggie, Isa.

ISA: Oh, I'm no. She's a good sort. Kind o ready wi her hands (She feels her cheek) but nae wunner wi a they weans tae skelp aboot. Of course, that's her life ... she disnae care ... I mean aboot whit she looks like.

JOHN: The kids has tae come first. And once ye've a faimly ye begin tae forget whit ye used tae look like when ye'd a few bob tae spare tae posh yersel up. Ye get intae the way o thinkin that it's nae worth botherin.

ISA: (Bending towards him) It's a night oot on the toon you're needin; make ye forget yer troubles.

JOHN: When ye're on the dole, Isa, ye're lucky if ye can skin a packet o Woodbine.

ISA: Aw, it's a right shame! D'ye no hae the odd *(She "fingers" a couple of notes)* ... win at the dugs? D'ye never get a tip?

For a moment the light of remembrance dear comes into his eyes, then fades: he looks at his boots.

JOHN: Naw. It's nae worth it, Isa ... they way ye feel efter.

ISA: Och, a coupla aspirins and a guid dose ... ...

JOHN: Aspirins is for sair heids; no for bad coansciences.

ISA: *(Shakes her head sorrowfully)* And you in the prime o life. It's a right shame, so it is.

JOHN: Shut up Isa, will ye? Juist shut up. I've had *nae* prime. I got married. Nae trainin. Nae skill; juist a labourer when there wis labourin needed; and when there's nane ... ... the Burroo. And there's nae escape that I can see. *(With an effort)* But thanks a the same, Isa.

His head is bent. Impudently she tickles the back of his neck.

ISA: Whit for, Daddy?

JOHN: *(Jerking up)* Here! behave yersel. You're askin for trouble!

ISA: Whit sort o trouble had ye in mind, Daddy?

JOHN: Don't ca me Daddy!

She giggles. He smiles at her. Then, into the kitchen burst Edie and Ernest.

ERNEST: Whaur's Mammy?

JOHN: Gettin in the messages, whit you should be daein for her. When I wis your age I'd hev got a good leatherin ... you should be in here when your Mammy gets hame tae see whit she wants.

ERNEST: Aw cripes! Ye cannae pit yer heid in the door but someone's jawin ye.

JOHN: Cut it oot. Get on and redd this place up a bit.

ERNEST: I dinnae ken whaur tae stert!

JOHN: Neither dae I.

Edie starts to clear the table by the simple expedient of sweeping things on to the dresser.

EDIE: I'll set the table. Is the kettle on, Isa?

ISA: Look and see. I'm nae wantin tea here; I'm gaun oot tae mines.

EDIE: Gaun oot tae yer tea! My! ... ... In a rest-u-rant? Ye lucky dog!

Isa goes off to the bedroom.

ERNEST: She'll be gaun wi yon big fat bookie she wis wi last night; he's got an Armstrong-Siddley. I seen it!

JOHN: *(Giving him a clout on the ear)* You keep yer trap shut.

Ernest makes a great row, holding his ear and trying hard to cry.
Maggie comes in. She doesn't look at John but goes to the table and puts down a loaf, a tin of milk and a parcel of chips. Then she takes off her hat and coat.

JOHN: *(Sheepish)* Ye werena lang.

She looks at him, stoney eyed. Edie looks anxiously from one to the other and Ernest's crying dies to a whimper. Maggie lifts the kettle to put it on.

EDIE: *(Eagerly, taking it from her)* I'll dae it, Mammy.

She fills the kettle and sets it on the cooker. John picks up his library book and turns his back on the lot of them. Ernest sits too, but his eyes follow his mother about: he is not used to this silent, grim-mouthed woman. The smell of the chips is too much for him, and, while his mother busies herself cutting the loaf, he creeps to the table, opens the parcel up and sneaks out a chip: Edie steals up on him as he is stretching out for another and hits him. He lifts his foot to give her a kick on the behind and Maggie, turning at that moment, sees the scuffed toe-caps of his boots and what remains of her self-control gives way. She screams at him:

MAGGIE: Look at yer new boots! *(She seizes him, shakes him and hits him)* Ye've kicked the taes oot o them again! I'll learn ye tae play fitba' in yer best boots. *(Crying hysterically, she belabours Ernest who tries to get away, yelling, but she holds on).* Whaur d'ye think I'll find the money for anither pair? Oh, I cannae staun ony mair o this ... ... I cannae staun it!

She collapses in a storm of weeping. Edie joins in out of fear and sympathy, and John jumps up in alarm. He goes to calm her but she shouts at him:

Leave me alane! Leave me alane! I hate ye! I hate the hale lot o ye!

In a storm of tears she blunders out of the room. John gathers the two frightened children to him and sits down an arm round each.

JOHN: Wheesht, wheesht, the baith o ye; wheesht. Listen. Listen tae me. Edie, Ernie, listen. I'll try tae explain. *(He sighs)* Yer Mammy's no really angry at ye ... ... *(The children's tears stop in a series of sobs and hiccoughs).* Your Mammy's just tired. She's been oot a day cleanin ither folks' hooses, and mebbe we ought tae hae helped mak things a bit easier for her. *(Edie nods her head vigorously)* ... ... When women gets that tired they kind o loss their heids; ye unnerstaun?

EDIE: I wis feart, Daddy. I've never been feart o' ma Mammy before.

JOHN: She'll be sorry ye were feart, Edie.

ERNEST: Daddy, am I no tae get playin fitba again? I hevnae got nae ither boots; the auld yins crushed ma taes. I'm the centre-forward! Ma chinas'll kill me if I'm no in the team. Some o them's got real fitba boots. Daddy, could you no get us a pair o real yins?

JOHN: I'll try, son. I'll try.

ERNEST: Bobbie Gray got his at the barras.

JOHN: *(A gleam of hope)* Oh aye ... there's the barras. We'll need tae see whit Mammy says.

ERNEST: *(A despairing cry)* Aw naw! She's a wumman; she cannae unnerestaun men!

EDIE: I'm awfu hungry, Daddy and the chips is gettin cold.

ERNEST: *(Desperate)* Wull ye try, Daddy, wull ye?

John bows his head, holds it between his hands and groans.

JOHN: *(To himself)* Try. try. As if I didnae try.

Edie plucks his sleeve.

EDIE: So could we no juist hae wur tea, Daddy? Mebbe ma Mammy's gone tae her bed.

JOHN: Aye. We'll hae wur tea.

The children sit at the table and dive into the chips. John slowly and painfully locates the tea pot and makes tea. He sets out cups: lifts the teapot and looks at the door through which Maggie had disappeared plainly wondering if he dare take her a cup. The door opens and she appears, her face begrutten, but calm.

MAGGIE: Well, come on then, come on! Which o yous has found the strength tae mak the tea? *(In a whisper to John)* I'm sorry. Coulnae help masel. Think I'm needin something tae eat.

JOHN: *(Patting her)* That's a right, lass.

Edie offers her mother the chips.

MAGGIE: Naw, hen! I'm no for a chip. They gie me the heartburn. *(She sits down and stretches for bread and butter: with a piece halfway to her mouth she stops and gives a kind of laugh).*

Heartburn! I wonder whit kind o a male idiot called indigestion heartburn? Ma Goad! I could tell him whit heartburn is! Ma Goad! Couldn't I no!

End of Act Two

ACT THREE

Afternoon of Christmas day.

The kitchen is clean, tidy and festive: decorations, vase of paper flowers, etc. A "wireless set" to which Ernest's ear is glued. He has on new football boots and between them - which from time to time he caresses - and the jazz to which he listens in ecstasy - he is in a world of his own.

Maggie, in a new dress, is bustling in and out: Granny is back in her rocker in the corner: she sighs, shakes her head: smiles now and again: even gives an occasional cackle to herself.

MAGGIE: Och Ernie! That's enough o that hootin an tootin. Why do they no keep tae the tune the man made?

ERNEST: Ma! It's *swing*!

MAGGIE: I ken it's swing; and they deserve tae swing for it. *(She listens)* Yon's no music.

ERNEST: Ma, it's the latest! Listen! *(In awe and admiration)* That's Louis Armstrong on the trumpet! Dazzlin!

MAGGIE: He's clean lost control.

ERNEST: He's improvisin. That means daein a sort o turn.

MAGGIE: Well, you dae a turn for me, son - wi yon knob.

ERNEST: *Ma!*

MAGGIE: Turn the knob. I'm no sufferin ony longer. See, oot ma way! *(She gives him a clout and fiddles until she gets choir boys afloat on carols).* There noo! *That's* music. Holy music. *(She sings with the choristers).*

ERNEST: *(Sotto voce)* Who's wantin holy music?

He starts dodging about the kitchen, trying imaginary

Tackles, dribbling, etc. Maggie, polishing her few bits of brass-ware, still helping the choir boys pays no attention to him.

Granny's old head turns slowly from the footballing Ernest to the carolling Maggie.

GRANNY: I cannae understaun this hoose. There's aye a din, even when ye're supposed tae be happy. *(To Ernest who has got dangerously close to her)* Keep awa frae ma bunion wi they tacketty boots!

ERNEST: Tacketty boots. Cripes! They's fitba boots, Granny.

GRANNY: I ken they're fitba boots, and the kitchen's nae a footba pitch.

ERNEST: *(Doing imaginary headers)* Cripes! Wummen!

GRANNY: Whit wey d'ye no gang ootside wi yer fancy boots an play wi a real ba?

ERNEST: Because I'm waitin on ma Daddy.

MAGGIE: *(Singing to "Oh come all ye faithful")* He's waitin on his Daddy, he's waitin on his Daddy, wha's oot at the shops.

GRANNY: Mair spendin. Ye'll rue the day. I'm tellin ye.

John comes in looking happy and confident. He unwinds the muffler he wears and flings it aside disclosing a smart collar and tie: he keeps his other hand behind his back, holding a brown paper hat bag tied at the neck with string.

ERNEST: Hurray! Daddy! Did ye get it for me?

JOHN: No yet, Ernie. Haud yer horses. You're no the maist important pebble on ma beach. *(He grins across at Maggie)*

ERNEST: Aw Daddy, ye promised ye'd bring back a ba.

GRANNY: Gie him a bat on the ear instead, John.

JOHN: You buzz aff ben the back parlour: you an me's gaun oot later. It's yer Mammy's turn noo. Maggie! Here.

Ernest goes reluctantly.
Maggie turns down the choristers and comes over.

MAGGIE: Whit is it?

JOHN: (*Beckoning her closer*) Nievy-nievy-nick-knack, which haun will ye tak?

MAGGIE: Is it ma Christmas?

JOHN: Whit d'ye think? Come on. Nievy-nievy ... ...

MAGGIE: Och John, ye daft scone!

She deliberates: chooses one hand, he shifts, teasing her before he hands over the hat bag.

MAGGIE: It's a hat!

GRANNY: (*Screwing round to see*) Mair money than sense. Ye'll rue the day, the baith o the two o ye. Waste not, want not. Ye'd think ye'd won on the fitba thingammies.

JOHN: (*While Maggie is busy undoing her present*) Listen, aul yin. This is the first Christmas I've had a decent job for ten year; it's gonnae be the best. The *best*! It's gonnae be somethin for Maggie and me tae remember when we're a coupla toothless aul has-beens.

Granny snorts. Maggie has torn off the paper and brought out a red hat: it is a bright hat but not fussy: it might be felt with a bow. It is not *a comic piece with a feather sticking up or even lying down. She is quite overcome.*

MAGGIE: Oh John!

JOHN: (*His pleasure matching hers*) Well, come on then; let's see ye in it.

Maggie is sorting out the front from the back: John sees the price ticket still dangling and rushes to tear off the tag which he pockets.

MAGGIE: Watch! Ye'll rive oot the linin! (*Fondly*) Ye great muckle ham-fist. ... ... Did it ... cost an awfu lot, John?

JOHN: Ye don't ask the price o presents, Maggie. Ye forgot that, didn't ye? (*He smiles ruefully*) Nae wunner. Let's see ye in it.

Maggie, at a small mirror, settles the hat on her head

with care, turning to John for approbation. He nods.
She gives him a kiss, almost in tears. He puts his arms
tound her, patting her back, Granny gazes at them
and tut-tuts.

GRANNY: Fancy you wi a red hat. Yon's nae a colour for an aul wife, Maggie.

JOHN: We didnae invite your opinion, Granny.

GRANNY: Weel, I'm giein it ye for naethin. Black would hae been better ... ... When's she gonnae wear yon? There's nae weddin comin aff that I ken aboot. A red hat!

JOHN: She can wear it whenever she wants.

GRANNY: Maggie never gets further than the Copey; when they're a done gawpin at it in there, she'll hae a face tae match it.

MAGGIE: Never heed her, John. I think it's lovely. *(She strokes it)*. Wait till Lily sees it!

GRANNY: A red hat! It's no as if she ever sets fit in the kirk door. A croshay bunnet would hae done her as weel.

MAGGIE: Aw shut up, Granny! Ye're spoilin it on me! *(To John)* Did ye get a wee thing for her Christmas?

JOHN: Naw. I wis too busy tryin hats on a wee lassie in C & A's. I'll get her something when I gae oot wi Ernie. No that she deserves it, the aul soor-dook.

MAGGIE: That'll dae ye; she cannae help bein a done aul wife.

GRANNY: I heard ye! I heard ye! Wait on, Maggie, wait on. Yer ain day'll come by yer son's fireside. Nae wantit.

JOHN: Goad! Whit can ye say?

MAGGIE: Granny, it's Christmas and John's got a job. We're gaun tae have a Merry Christmas.

JOHN: Aye, and you too. When ye waken the morn, ye'll find a stockin hangin on yer bed rail.

GRANNY: A stockin? *(She sniggers)* A stockin! Stockins is for weans.

JOHN: Aye, that's right.

MAGGIE: I think I'll chap Mrs. Bone for a wee cup wi us. Her man'll be oot on the batter.

She knocks on ceiling. There is an answering thump.

JOHN: Well, I'll tak Ernie oot then for his fitba.

MAGGIE: Aye, and get wee Marina's pianny. And if it's ower dear, see if ye can get a dolly's tea set.

JOHN: Aye. Right. *(Shouting)* Ernie! Ernie! Come oan! You and me's for aff. The wummen's gatherin.

Maggie, still with her hat on, puts on the kettle and sets out cups, etc. Ernie comes in whistling and bouncing an imaginary ball. John tackles and they career around, Granny guarding her feet.

MAGGIE: Mind ma polished lino!

A knock on the door. John lets in Mrs. Bone who is closely followed by Mrs. Harris.

JOHN: Come awa ben. Maggie's got the kettle on.

Mrs. BONE: Ta. I chappit Mrs. Harris in the passin.

JOHN: Quite right.

Mrs HARRIS: Thanks, Mr. Morrison. I like yer tie. Daein fine noo, aren't ye?

JOHN: Fine.

Mrs HARRIS: Drivin a van, isn't it? They'd hae tae learn ye?

JOHN: *(Winking to Mrs. Bone)* Naw, I kent it by instinct.

Mrs HARRIS: Fancy!

JOHN: Are ye ready Ernie?

Mrs. BONE: Ernie, ye got yer fitba boots! My! Rangers'll be signin ye.

ERNEST: Rangers be damned. I'm Celtic.

MAGGIE: Ernie, mind yer langwidge.

ERNEST: Och I ken mair nor that. I ken *(He counts on his fingers and mouths words until:)* An f ... ... *(The women screech and John and Maggie reach over to clout him: he dodges and runs off. John follows him as far as the door.)*

Mrs. BONE: Gaun oot, Mr. Morrison? Gettin intae trainin for Hogmanay, eh?

JOHN: No me. It's nae worth it. Ta ta a. Enjoy yersels.

He goes off.

Mrs HARRIS: I like yer decorations. Quite festive. We didna bother this year. *(As she accepts tea and is offered a piece of Christmas cake:)* Ta. Oh my! Did ye get a parcel frae the Mission?

MAGGIE: Naw. John brung that in frae Lipton's. Eat up. Come on!

Mrs. BONE: The kids at the Treat?

MAGGIE: Aye. Yon ladies at the Mission's awful nice. Real toffs. *Kelvinside.* A present, and their tea, an 'Away in a manger' an a wee prayer. Marina's been prayin tae Jesus for the fairy aff the tap o the tree. Whit'll I say tae the wean if Jesus disna come up tae scratch?

Mrs. BONE: That's whit ye get for sendin her tae the Sunday School. They teachers! They tell the kids: 'Ask an it shall be given ye', an there's the hale jing bang o them prayin like Hell for the yin fairy!

Mrs HARRIS: Aye. And the yin that gets it wull no hae it lang. The rest'll hae it's wings aff an its croon bashed afore ye can say winkie ... ... Alec an Isa oot?

MAGGIE: Aye.

Mrs HARRIS: Daein their Christmas shoppin, eh?

MAGGIE: *(Her happy face clouding)* I wouldna ken whit they're daein.

Mrs. BONE: *(Leaning across and patting Maggie)* I wouldna worry aboot him, Maggie.

MAGGIE: *(Startled at first, then rattled)* I'm no worryin. I've nae need tae worry.

A knock on the door.

It's open. Come awa in.

Mrs. Wilson comes in: at the sight of the trio round the table, she throws up her hands in great surprise.

Mrs. WILSON: Oh, a pairty? Hope I'm no intrudin?

MAGGIE: Nut at a. Draw up a chair. Mind! The back legs is shoogly.

Mrs. WILSON: I'll no swing on them. *(Accepting tea)* Ta ... ... Aw, the lovely! Who done them?

MAGGIE: John and the kids ... ... Whit else d'ye see aside the decorations?

Mrs. BONE: I see ye've got yer Granny back.

They all turn and look at Granny who is asleep with her mouth open.

Mrs HARRIS: I see the bed come.

MAGGIE: She wis greetin tae come for her Christmas. Lizzie doesna hold wi Christmas. *(Pause: she looks round at them)* Well? I'm waitin ... ... I'm *waitin*! Ma *hat*!

Mrs. BONE: Well, we couldna pretend we didna notice it ... ...

MAGGIE: But ... ... ye don't like it?

Mrs. BONE
Mrs HARRIS: It's lovely, Maggie! Lovely! But ... whit the hell made ye tak *red*? It's an awfu fierce colour. *(Their voices are a confused jumble).*

MAGGIE: I didna pick it. It wis John. *(Shy, reminiscent)* When him an me wis coortin, I'd a red hat and he fair fancied me in it. Used tae meet at the corner o Renfield and Sauchie ... ...

Mrs. BONE: Simpson's Corner.

MAGGIE: Aye, Simpson's Corner. Said he could see ma red hat bobbin through the Setturday nicht crowds. So its a kind o a ... ...

Mrs HARRIS: I ken. It's tae mind ye o the days when ye first kissed and cuddled doon the dunny. Quite the romantic, your John. Mines wouldna hae noticed if I'd met him at Simpson's Corner wi a floral po on ma heid.

Mrs. WILSON: Aye! Them wis the days! I mind the first time Wilson took me tae the La Scala ... ...

Mrs HARRIS: The La Scala!

Mrs. WILSON: Aye. The La Scala. Back stalls. I wis that excited I didna notice there wis silver paper on ma toffees till I wis hauf-way through the poke! Ma Goad, the pain I had in ma stummick! ... Thought I wis sent for! Ach well ... nice tae look back on. Coortin days. They're the best. *(She sighs).*

Mrs. BONE: Aye. Guid job we've nae crystal balls, eh? ... ... How's your Lily? Is she workin?

MAGGIE: Aye, but she's aff the efternoon; she'll be comin by.

Mrs. WILSON: A nice girl, Lily. Pity she missed the boat.

Mrs. BONE: Considerin the number o boats that sinks, she's as weel swimmin alang by hersel. Ma Goad, Maggie Morrison, but you're right lucky. There's no mony men that's been used tae a dram and can stay T.T. Mines is aye proamisin but he canna resist the smell o a cork.

MAGGIE: Well, there's nae use kiddin on I didna hae ma troubles; but John's learned his lesson. He kens I'd close the door on him if he sterted up again on the bottle.

Mrs. BONE: Wull ye tell me how ye can close the door on yer man? Mines would jist batter it doon.

MAGGIE: Ye can close the doors o yer heart on him, and once ye've done that tae yer man, batterin wull no get him back in.

Mrs HARRIS: My! Ye're that poetic, Maggie. The doors o yer heart!

Granny wakens up with a start, presumably out of a disturbing dream.

GRANNY: Aw! Aw! Whaur am I? *(Coming to)* Aw! Aw! Ma Goad! I thought they wis efter me!

MAGGIE: Who, Granny?

GRANNY: The men ... ...

The women laugh.

Mrs HARRIS: Ye're past it, Granny.

GRANNY: The bad men ... ... They wis efter ma money.

MAGGIE: Ye've been dreamin, granny. Here's a wee cup o tea an a biscuit.

Granny takes her tea: she turns the biscuit over and grumbles to it quietly.

GRANNY: It's only chocolate on the wan side. Himph! Cheats!

A knock at the door. Maggie opens to Lily.

LILY: Hullo. Oh? Open hoose?

MAGGIE: Hullo Lily. Ye're jist in time for a cup and a wee tate cake.

LILY: Cake? Hev ye cut it already, Maggie? Tomorrow's Christmas. *(She looks round the company and gives them a nod and a half-smile)* Ye a well? Lookin forward tae yer Christmas stockin? *(She doesn't expect or get an answer. The women become subdued and a little uneasy).* Maggie! *(Staring at the hat)* D'ye mean tae say ye bought that? It's new!

MAGGIE: No, Lily. I didna buy it; it's John's Christmas tae me.

LILY: *(Very dry)* Oh. Quite nice.

Maggie's face falls; she takes off the hat and holds it uncertainly, stroking it. At this point granny provides a deversion by dropping half her biscuit in her tea.

GRANNY: Maggie, Maggie! I've loss ma biscuit!

MAGGIE: *(Putting the hat down on top of the wireless set, she goes to Granny)* Och Granny, ye canna dunk a chocolate biscuit. *(She fishes out the soggy biscuit with a teaspoon and feeds it to Granny)* There, noo! Finish up yer tea an stop yer nonsense.

She turns to see Lily taking the hat off the wireless and going off with it.

Here!

LILY: I'm jist gonna put it past for ye, ben the room.

MAGGIE: *(With unusual command)* Leave it whaur it is! *(More quietly)* John'll like tae see it when he comes in.

Lily shrugs. She takes a parcel from her bag and hands it to Maggie.

LILY: Here's yer Christmas.

                  The women stretch their necks.

MAGGIE: Aw thanks, Lily, but ye shouldna hev. I've a wee
                  somethin for you, tae.

LILY: *(Smiling at her)* Ye shouldna hev.

Mrs HARRIS: Are ye no openin yer present, Maggie?

                  Maggie looks enquiringly at Lily who shrugs.

LILY: If ye like; but tomorrow's Christmas.

                  *Maggie tears at the paper: the others watching to see
                  what will emerge: a pair of yellow gloves, cotton.*

MAGGIE: Aw thanks. Lily; they're jist whit I wis needin.

                  *Lily nods and goes across to Granny. The women hand
                  round and examine the gloves.*

LILY: Hullo Granny. Enjoyed yer tea?

                  She takes cup. Granny gives a small belch.

GRANNY: Was yon tea? Tasted mair like co-co-a.

Mrs. WILSON: (About the gloves, in a whisper) A bob the pair in
                  Woollies.

LILY: Whit's the matter wi Woolworth's if Woolworth's is a
                  ye can afford?

Mrs. WILSON: Lily, ye've picked me up wrang! I said she'd hae been
                  better wi wooly yins, seein it's winter.

MAGGIE: Woollen gloves is no dressy.

                  She smoothes them, smiling.

                  Alec comes in.

ALEC: Ma, Isa been in?

MAGGIE: No, son.

ALEC: Are ye sure?

MAGGIE: Well, I hevnae seen her an I've been in a day. Is there
                  onythin wrang, Alec?

                  Without answering, Alec goes into the bedroom.

Mrs HARRIS: We must be the invisible wummen.

LILY: Ye'll need tae excuse him; he never had nae mainners.

Mrs. WILSON: He's awfy kind o white and starey-eyed.

MAGGIE: *(On the defensive)* Whit d'ye mean, eh?

Mrs. BONE: She didnae mean onythin.

Mrs. WILSON: I juist meant ... he's no lookin very weel.

MAGGIE: Alec's delicate.

Alec comes out.

MAGGIE: Alec, there's tea in the pot, would ye like a cup?

ALEC: Naw. Aw well ... aye, I'll hev a cup.

Maggie rises.

LILY: Sit doon, Maggie; I'm nearer the pot.

She gives Alec his tea.

MAGGIE: Whaur hev ye been a day, Alec?

ALEC: Juist ... roon aboot.

Mrs HARRIS: He's no giein onythin away, are ye, Alec?

She gives him a dig in the ribs, he jumps nervously, spilling his tea.

ALEC: Watch whit ye're daein, ye aul fool!

MAGGIE: Alec!

Alec rises in a silence.

Mrs. WILSON: Awful pretty, the decorations, aren't they no?

LILY: Aye. They fairly took wee Christopher's fancy, they streamers and yon chain. I wish we could hae bought a wee tree, though. Mebbe next year ... ...

Mrs BONE: Yon's a lovely tree they hev in Bertie's ward in the Hospital.

Alec is standing, Staring at nothing; the women look at each other, uneasy.

Mrs. WILSON: Ony word o gettin him hame, Mrs. Morrison?

MAGGIE: No yet. But he's back frae the Sanitorium; so it shouldnae be lang.

Mrs. BONE: Oh? I thocht he wis gaun back tae the Sanny.

MAGGIE: Gaun back tae the Sanny? Of course he's no gaun back! The Sanny's for ... whit-ye-may-call-it ... ye ken ... like yon place at Saltcoats.

Mrs. BONE: Ye mean the convalescent?

MAGGIE: Aye. *(Pause)* Alec, ye've hardly touched yer tea. Are ye nae wantin it efter yer Auntie Lily pourin it?

ALEC: *(Suddenly spinning round and glaring at the women)* Aw right! Aw right, I'll drink it if that'll shut ye up. Yous wummen! Yap, yap, yap a day. *(He slurps his tea: takes a hunk of cake Maggie is timidly proferring and turns his shoulder to the company. They exchange looks and shrugs. After a silence:)*

Mrs. BONE: Well, I'm right gled tae hear the wee chap's tae get hame.

LILY: Aye, the hoose is nae the same wi yin o them away.

Mrs. Harris, silently, to Mrs. Bone, mouths "two" and holds up two fingers, nodding.

LILY: *(Who has seen this)* Aye.

Alec, still chewing, dumps down his cup and starts for the door.

MAGGIE: Alec! Are ye gaun oot again?

ALEC: Aye. *(He glowers at her: she subsides nervously).*

MAGGIE: If Isa comes lookin for ye, whit'll we say?

ALEC: *(Stopping still on way to door)* I'll ... I'll ... *(Agitated)* Never you heed! I'll see her masel ...

He looks at them all in a half-demented way.

You'd like tae ken, wouldn't ye? You'd like tae ken!

He hurries off. Maggie rises and runs after him, right out of the room.

MAGGIE: *(Off)* Alec! Alec! Wait!

Mrs. WILSON: Ken whit? Whit did he mean?

LILY: *Uch!*

Mrs. BONE:	Puir Mrs. Morrison. If it's nae yin o them, it's anither. Here, Lily, we didnae tell ye we seen Jenny.
LILY:	Ye seen her? When?
Mrs. BONE:	Mrs. Harris and me. Oh ... no that lang since.
Mrs HARRIS:	Aye no that lang efter she'd went.
LILY:	Where?
Mrs. BONE:	Roon aboot the Poly. It was gettin dark, but it was her a right.
Mrs HARRIS:	Aye. Oh Aye. Nae mistake.
Mrs. WILSON:	*(Eagerly)* Wi a man?
Mrs. BONE:	Naw!
LILY:	It's a wunner.
Mrs HARRIS:	Huh! If ye'd seen her ye wouldnae wunner. Whit a sight! *(To Mrs. Bone)* Wasn't she no? A right mess.
Mrs. WILSON:	Fancy! Her that wis aye so smart.
LILY:	She was too smart for her ain guid, was oor Jenny.
	Maggie comes back.
MAGGIE:	Whit aboot Jenny?
LILY:	Naethin special. Juist that it's Christmas and we were sayin ... ... sayin how smart she aye was.
MAGGIE:	*(Fondly)* Aye. She paid for the dressin, did Jenny ... Mebbe if she could see us the night, wi the decorations, and the wireless; she's never set fit in the door since she left. Whiles I dream aboot her, and aye in the morning I'm sayin mebbe she'll ... pop in on me.
LILY:	Dreams go by contrare-y, Maggie. She said she wouldnae come back and it's obvious she's no comin back.
MAGGIE:	Forget her! It's weel seen you never had a faimly, Lily. Once they've been laid in yer airms, they're in yer heart tae the end o yer days, no maitter whit way they turn oot.
	There is a thumping from upstairs. Mrs. Bone jumps up as if she had been shot.

Mrs. BONE:	Oh Goad! That's him wakened. See ye later. Ta for the tea.
	She runs out.
Mrs HARRIS:	*(Rising in leisurely fashion)* Fancy that! I'd like tae see ma man thump doon for me; I'd thump him!
Mrs. WILSON:	Think I'd better move juist in case Wilson is waiting on his tea. I'll tak a wee look doon the morn tae wish ye a Merry Christmas.
	There is a thud on the door.
VOICE:	Is ma wumman there? Well, tell her tae get the Hell oot o it. I'm wantin some atten-shun.
Mrs HARRIS:	Ask for it politely and ye'll mebbe get it!
Mrs. WILSON:	Come on, then, before he gets angry at ye.
Mrs HARRIS:	*(Following Mrs. Wilson out)* It's him that's wantin *me*; I'm no needin *him*. *(Over her shoulder as she goes, with a coarse laugh)* 'Cept for his wages. Ta ta then. Ta ta Granny.
	She goes off.
LILY:	Whit a relief!
MAGGIE:	Oh, they're no bad ... ... they're coorse but kind.
LILY:	Aye. So lang's ye keep on the right side o them. I thought they were never goin tae shift. Mind you and me wis goin tae hae a wee run up toon an see the shops? Are ye fit for it?
MAGGIE:	*(Brightening immediately)* Oh aye! I'll pit on ma new hat. *(She considers the sleeping Granny)* Whit aboot her?
LILY:	Gie her an aspirin and stick her in bed. *(They both advance on Granny)* Talk aboot a ball and chain!
MAGGIE:	Come on Granny, waken up so's we can pit ye tae bed. You got an aspirin, Lily?
LILY:	Aye, I've aye got ane in ma bag.
MAGGIE:	Bash it up an mix it wi jam while I get her oot o her chair.
GRANNY:	I'm quite happy sleepin in ma chair.

MAGGIE: Ye'll be mair comfortable in yer bed, Chookie.

GRANNY: Whit are you up tae, eh? I aye ken when you ca me Chookie ye're up tae somethin. Ye're gaun oot! Y're gaun oot tae leave me.

LILY: *(Advancing with the aspirin)* Whitever gied ye that idea, Granny? Open up! Come on, that's a good girl.

GRANNY: *(Backing)* I'm nae needin nae medicine, Lily. Ye ken fine ma bowels is aye rinnin awa frae me.

LILY: Awa an chase yersel, then.

Maggie and Lily cackle loudly Granny is outraged, glaring and spluttering at them.

MAGGIE: Och, it's no fair laughin at her. Swallow it doon, Granny an ye'll get a sweetie.

GRANNY: I'm no gaun tae ma bed.

LILY: Ye've nae choice the night. See, here's a bit vanilla taiblet.

Granny takes the tablet and looks at it suspiciously, turning it over before she puts it in her mouth. While she is chewing, Maggie and Lily grab her and take her off at a smart trot. Her protestations are heard off. Lily comes back, tidies up a bit, eats a piece of tablet, puts on her coat and hat. Maggie returns.

LILY: Has she coorried doon?

MAGGIE: Aye, nae bother. I jist whipped aff her tap things an rolled her under the blankets. She'll dose aff fine. Come on, quick, Lily; I'm dyin tae see they posh shops up Sauchie. *(She sets her new hat on her head and admires herself in the mirror).*

LILY: When you've finished admirin yersel ... ...

MAGGIE: *(Turning to Lily, happy)* Oh, Lily, this is a rare Christmas! I'm that happy! *(Pause)* Leastways, I would be if only ... ...

LILY: Aye I ken.

MAGGIE: If I'd Bertie hame. And Jenny. Jenny was aye a great girl for Christmas; she'd aye hang up her stocking,

	(Sighs) an orange an a penny - if she wis lucky.
LILY:	We aye managed something, between us, for the kids.
MAGGIE:	It wis you Lily. It wis you did the stockins; I hevna forgot.
LILY:	I'm yer sister, for Goad's sake! Nae weans o ma ain tae keep me aye skint. *Come oan!*

They go off

Time lapse. Stage blacked. In the distance a Salvation Army Band is playing Christmas carols: the music gets louder throughout the following scene.

Up lights slowly. Pause. Isa walks in: she listens: looks cautiously about her. Slips across to bedroom, listens again at the door, then goes inside. Sound of drawers being opened and shut. While she is in, the band, distant, plays "O come all ye faithfull". At the end of the chorus, Isa emerges hurriedly with a shabby suitcase and a coat over her arm (imitation fur). She has a smart new outfit on. She has a look in the mirror and powders her nose, settles her hat: then, picking up her case and coat, makes for the door. Opens it to find Alec, wild-eyed, on the threshold. For a moment she sags: then recovers.

ALEC:	*(Near hysteria)* So ye're back are ye? Whaur wis ye last night?
ISA:	*(Scared but bold)* Oh, did ye miss me?

Alec shuts the door with his foot, then advances: she retreats.

ALEC:	Whaur wis ye? Isa! Whaur wis ye?
ISA:	Whit does it maitter whaur I wis?
ALEC:	Wis ye ... ... wi ... ... *him*?
ISA:	Aye! I wis! An I'm gaun wi him an you canna haud me back.
ALEC:	*(Deadly quiet voice)* Isa, I tellt ye, I tellt ye if you ever left me, I'd find ye, an I'd kill ye. *(Advancing)* You said I hadnae the guts. You laughed at me. D'ye mind? D'ye mind laughin at me? ... ... You said I wisna a man. *(Sudden shout)* I'll show you! I'll show you!

*He whips out a knife and flicks the blade. Isa lets out
a scream of fear.*

ISA: (*Backing*)Naw! Naw, Alec! *Naw*! Ye wouldna dae it
         tae me! Ye wouldna mark me!

ALEC: Mark ye? (*Whisper*) Whit makes ye think I'd stop at
         spoilin yer face for ye?

         *Isa starts to scream for help at the top of her voice. Her
         screams panic him: he drops his knife and chases her as
         she makes for the window: they struggle, he gets his
         hand over her mouth: she nearly gets away, and,
         inflamed, he gets his hands round her throat. When
         she is making choking noises and he feels her body
         going limp, he has another panic and releases her: she
         sinks to the ground. He bends over her, shaking.
         Silence except for his rasping breath. She gives a moan.*

ALEC: Isa! Isa! Isa!

         *He is on his knees beside her, rocking himself like a
         baby and weeping.*

         *When she is able, she struggles to a sitting position and
         massages her throat. She looks at his shaking shoulders
         with disgust.*

ISA: I'm still alive ... ... but ye near aboot strangled me.

ALEC: Tell me it's no true! (*Sobbing*) Tell me it's no rue that
         ye're leavin me for Peter Robb.

ISA: (*Her look of scorn and disgust changes to a crafty one*)
         Of course it's no true. I wis kidden ye on. Wanted tae
         see whit ye'd dae. Ye're that saft, Alec! Ye believe
         everythin ye're telt. (*Stands up*) Goad! Yon wis
         rough, Alec! That's mair like a *man*.

         *He looks up at her with grateful, begging eyes: his
         sobs die.*

         I never meant yon aboot Peter. I wis tryin tae frighten
         ye; get ye ... tae get a move on oot o this!

ALEC::   (*On his feet, cringing*) I wull! I wull, Isa! Jist gie me a
         chance!

         *She moves away from him; he follows her, dog-like.
         He suddenly sees the suitcase and turns on her.*

         Ye're lyin! Ye're lyin! Ye *are* gaun wi him!

ISA: I'm no. Honest I'm no.

ALEC: Whit's in the suitcase then? Whaur are ye gaun a dressed up?

ISA: Whaur am I gaun wi the suitcase? *(Pause)* whaur d'ye think, stupid? I've got us a room an kitchen. I canna stick it here wi Granny an the weans an yer Mammy; she disna like me, yer Mammy. So I says tae masel, it's up tae me tae find a place for me an Alec.

ALEC: Is that right? Dae ye mean it?

ISA: Why would it no be right?. You an me'll get on better awa frae here. *(She comes up very close to him)* Mind when we had wur ain wee place? *(Arms go round his neck)* Mind? Mind the way ye used tae rake doon the ashes and pile on the coals in yon aul kitchen range so's we could *(Her body pressing against his)* lie an watch the shadows on the wa? You used tae say ... ... firelight ... ... wis the thing... ... tae see me ... ... lyin in the glow ... ...

ALEC: *(His arms coming slowly round her)* Aye, I mind, Isa. I mind. I'll never loss the picture o you ... ... you were that beautiful ... ... an you were mines. Oh Isa, Isa! I'd dae onythin for ye, onything in the world if ye'd ... ... if ye'd love me like ye used tae.

He is babbling against her shoulder. She starts to kiss him: she kisses him until his knees buckle.

(Whisper) Isa ... come on ... there's naebody in ... *(She draws away a little, measures with her eyes the distance between suitcase and door)* Oh, Isa, the way ye've been gaun on, ye've been drivin me aff ma heid. *(Over his shoulder she gives a sneering grin, at the same time stroking the back of his head and murmuring: aw!)* Isa, come wi me ... ... *(He starts to pull her towards the bedroom)* I canna dae wi'oot ye.

ISA: Aye, Alec, sure ... but a minute. I'm needin a drink efter that ... ... *(She massages her neck)*.

ALEC: Aw, there's no drink here. Ye ken Mammy.

ISA: Well, for Goad's sake, ye've shairly got a fag on ye?

ALEC: *(Her sharp tone makes him pathetically anxious to please her)* Oh aye, aye, I've got a fag.

*He produces a crumpled packet of woodbine. She takes
one: waits. He feels in his pockets feverishly while she
stands, cigarette between her lips, waiting. He brings
out a single match, and while he is striking this on the
sole of his shoe, she put out a foot smartly and trips
him up, grabs her coat, bag and case, overturning a
chair as she races to the door. Alec collapses in a
sobbing heap. Then, rage possesses him and he drags
himself up.*

I'll get them ... ... I'll get the baith o them.

Lights down.

The Salvation Army Band is now outside the house.

*The stage remains empty: then Maggie and Lily come
in. They look around the room, then at each other.*

MAGGIE: Whit's been gaun oan here?

*She looks towards open door of bedroom, crosses, goes
in: we hear her opening and shutting drawers.*

*Lily takes off her coat and hat and rights the fallen
chair. In doing so, she sees the knife on the floor and
exclaims, runs to pick it up: examines it fearfully.*

LILY: Aw, thank God! *(Looks at it with an expression of
Disgust and flicks the blade back. Just as Maggie comes
out of the bedroom, Lily has quickly put the knife into
her handbag).*

MAGGIE: She's rin oot on him. Her clothes is awa.

LILY: Whit aboot his?

MAGGIE: *(Shaking her head)* She's left him.

She feels for a chair and sits down.

LILY: She didna get aff wi'oot a fight - by the look o things.

*Maggie gives a moan of fear and squeezes her hands
together.*

MAGGIE: Lily! Oh ma Goad, Lily!

LILY: Naw, naw it'll be a right. He'll turn up the morn.

MAGGIE: Lily, I'm feart ... ... I wish John'd come hame.

LILY: Listen! Alec hasnae the guts tae dae onythin tae her.

Even if he could find her, and that's no likely. She'll be aff wi anither man.

MAGGIE: An him that saft aboot her. The dirty wee bitch!

LILY: So he's better aff wi'oot her. Don't you worry, Maggie. Alec kens fine the only hole he can coorie intae is here, wi his Mammy. *(Some rowdy revellers pass beneath the window)* Hear that lot? Drunken sots!

Maggie sits slumped in misery.

(Watching her, in sudden fury) Aw the hell wi him! The rotten wee bastard! He's spoilt yer Christmas!

Maggie shakes her head.

MAGGIE: I spoilt *him*. I've aye carried a load here, *(Hand on her heart)* aboot Alec. I've been punished for whit I did, Lily. Punished.

LILY: Naw, naw ... *naw*! The way Alec is had naethin tae dae wi ... ... *(She stops, helpless)* We've had this oot afore ... ... ye didna harm the wean, Maggie ... 'cept that ye've *kept* him a wean, tryin tae make up ... ...

MAGGIE: I ken. I ken. I've aye felt guilty. *(Pause)* It looks tae me, Lily, there's nae end tae trouble. Nae end tae havin the heart tore oot o ye.

LILY: I don't suppose there is. It's jist life, Maggie! *(Pause)* Life! Ye don't ken the hauf o it ... and neither dae I. Come oan, gie me yer coat. *(She pulls Maggie to her feet, takes off her coat and gently removes the red hat which she puts back on the wireless set. Maggie is still in a state of shock).* Wee cup o tea, hen? *(Maggie shakes her head)* Aw, come on, come on ... *(Then she gets out with an effort, because it is so foreign to her:)* darlin.

She holds out her arms and Maggie topples into them: they rock together soundlessly, Lily patting Maggie's back. After a moment, Lily sets Maggie gently back in her chair and smooths her hair and kisses her. Maggie is now composed.

MAGGIE: Lily, I've said it often tae ye ... whaur would I be wi'oot ye?.

LILY: I'm yer sister. Faimly type, me.

There is a knock on the door. Maggie jumps to her feet and stares, scared, at the door, then at Lily.

LILY: It's a right; that's no a polis knock, a wee tap like yon. I'll see.

Lily opens the door and reveals Jenny. They look at each other, Jenny uncertainly, Lily with a hard appraisal of Jenny's nice, but not tarty clothes, her hatless, blonded hair.

Well! I didnae recognise yer Ladyship efter a this time.

She drops Jenny a curtsey and stands aside. Jenny has a swift look round the room before rushing into Maggie's arms.

MAGGIE: Oh Jenny, Jenny! The times I've dreamt o this!

She holds her off and looks into Jenny's face, then holds her tight again.
Why did ye no write tae me, Jenny? No even as much as a postcard.

JENNY: I couldna write. And I couldna come, Mammy. *(Pause)* I've had ma troubles since I walked oot o here.

LILY: Ye've got ower them noo, by the look o ye. Ye werena dressed up like a fillum star the last I heard o ye.

JENNY: Mebbe no, Auntie Lily. *(To Maggie)* Can I ... tak aff ma coat? *(Maggie eagerly rushes to receive it: she smooths it, smiling, lays it tenderly over the back of a chair)* Whaur's the others? The weans? An Alec an Isa? ... ... An ... ma Daddy?

MAGGIE: The kids went tae the Mission treat; Alec an Isa's ... ... *(She drives her fingers through her hair)* They're oot tae.

LILY: But no taegether. We think she's fun a sugar-daddy. *(Pause while she looks hard at Jenny)* There seems tae be quite a few aboot. Funny that! I heard there wis a depression on ... ...

Jenny turns her back on Lily.

JENNY: Mammy, Bertie … …

MAGGIE: Oh, Bertie's gettin on fine. Still in the hospital, but gettin on fine.

JENNY: *(Gently)* Mammy, I've been up. I've seen the Sister and the doctor. Mammy, you and ma Daddy's got tae *dae* somethin! The Sister said she spoke tae ye, and the Lady Almoner, I seen her tae. Mammy, why d'you no listen tae them at the hospital?

MAGGIE: *(Guilty and bewildered)* I dae … I try … but I get that excited. They hospitals make me feart and ma heid gets intae a kind o a buzz. When I'm oot the gate I canna rightly think back on whit they said tae dae …
…

LILY: Jenny, whit're ye gettin at?

JENNY: Mammy seems tae think they're lettin Bertie hame; but they're no. *No here.* No tae this. Mammy, ye've tae see the Corporation for a Cooncil hoose.

MAGGIE: A Cooncil hoose! A Cooncil hoose! Yer Daddy's been up tae that lot till he's seeck scunnert. Ye've tae wait yer turn in the queue.

JENNY: But if they kent aboot Bertie … …

LILY: Is this whit brought ye back, Jenny?

JENNY: It's whit gied me the courage tae come. Least … .. it was ma Daddy's face … … in the water; *(More to herself than the others)* there wis lights shimmerin on the blackness … it kind o slinks alang slow, a river, in the night. I was meanin tae let it tak me alang wi it.

Maggie gives a gasp.

MAGGIE: Whit kind o talk is this, Jenny? Did ye no think o us. Yer Daddy an me?

JENNY: Think o ye? Oh aye, Mammy, I thought o ye. But thinkin jist made me greet. I was that ashamed o masel … … Isa and me, we were that rotten tae ye, the things we said.

MAGGIE: That's a bye, Jenny.

JENNY: Naethin's ever *bye*, Mammy; it's a there, like a photy-album in yer heid … … … I kept seein ma Daddy, the way he used tae sing tae me when I wis wee; I seen him holdin ma bare feet in his hands tae warm them, an feedin me bread an hot milk oot o a blue cup. *(Pause)* I don't know where you were, Mammy.

LILY: Ben the back room wi the midwife, likely. *(Pause)* It's as weel ye came tae yer senses; yon's no the way tae tak oot o yer troubles; a river. But ye're daein fine noo? Ye merriet?

JENNY: No.

LILY: Oh. Livin in sin, as they ca it these days, eh?

JENNY: *(Suddenly flaring up)* Aye, if ye want tae ca it sin! I don't. The man I'm livin wi is kind, an generous.

LILY: Oh aye, we can see that. We've had an eye-fu o yer wages o sin.

MAGGIE: *(Mournful)* Aw Jenny. I whisht ye'd earned it.

LILY: *(Coarse laugh)* Oh, she'll hae earned it., Maggie. On her back.

MAGGIE: *Lily*!

LILY: So the Bible's a wrang, is it? The wages o sin's nae deith; it's fancy hair-dos an a swanky coat an pure silk stockins.

JENNY: You seem tae ken yer Bible, Auntie Lily. I never pretended tae. But I'm happy, an I'm makin *him* happy. We've a nice wee flat in a clean district, wi trees an wee gardens.

LILY: A wee love-nest oot west! Great! Juist great - till yer tired business man gets tired o you an ye're oot on yer ear.

JENNY: Well, you hevnae changed, Auntie Lily. I've got tae laugh at you.

LILY: Laugh awa. I'm no mindin. I've kept ma self-respect.

JENNY: Aye. An that's aboot a ye've got.

MAGGIE: Oh, stop it! Stop it! *(Her hands to her head)* I wis that happy … …

JENNY: Mammy, I'm sorry. We'll sit doon properly an talk. *(She draws a couple of chairs together, deliberately excluding Lily who moves off a little, but keeps within ear-shot and stands, back resting against the table - or the sideboard - watching).* I've got plans for you.

MAGGIE: Plans?

JENNY: Aye. For gettin yous a oot o this.

MAGGIE: Och Jenny, pet; you wis aye fu o dreams.

LILY: Aye. Dreams. Fairy-tales. She went awa an impident wee bizzom an she's come back on Christmas eve, kiddin on she's a fairy wi a magic wand.

JENNY: *(She doesn't even look at Lily)* Listen, Mammy. We canna wait for a hoose frae the Cooncil, it'll tak too lang; but mind! Ye've tae get ma Daddy tae speak tae them. *(Maggie nods)* So, while ye're waitin, ye're goin tae flit tae a rented hoose.

MAGGIE: Jenny, ye need a lot o money tae flit!

JENNY: I've got that. *(She opens her handbag and produces a roll of notes that makes Maggie's eyes bulge. She gasps)* There's plenty for the flitting and the key money forbye.

John comes in. He stops at the sight of Jenny and at first his face lights up: then his lips tighten.

JOHN: Well! Well! *Well!* *(Pause)* Whit's brought you back tae the nest? The Christmas spirit?

MAGGIE: *John!*

JOHN: Oh aye, I can see you two's fallen on each others necks. *(Pause)* But I've no forgotten the way you walked oot o this hoose.

JENNY: *(Head bent)* I mind. I'm sorry.

JOHN: So am I. *(Pause)* And there's somethin else I mind. *(Jenny looks up at him. Pause)* I mind nights when your mother sobbed hersel tae sleep worryin an frettin aboot you.

Jenny bends her head again.

MAGGIE: That's a past, John.

JOHN: She sobbed hersel tae sleep, night efter night; and I had tae lie aside her an listen. *(Pause)* I didna care very much for you, Jenny, lyin there listenin.

There is a silence. Maggie starts to "comb her hair".

LILY: Well, she's hame noo, an Maggie's happiness wis

	shinin oot o her face till you came in wi yer Holy Joe stuff.
JOHN:	You keep oot o this; it's faimily business.
LILY:	Oh, I'm no in it; I'm jist an interested spectator.
JOHN:	*(To Jenny, after a good look at her clothes)* I don't suppose ye're thinkin o bidin.
JENNY:	No.
JOHN:	Naw. I didna think ye'd be for bidin.

He picks up her coat, has a good look at it, flings it aside.

JENNY:	And neither is ma Mammy bidin! Or the kids! You can dae whit ye like. I'm takin a hoose for them in a decent piart o the toon.
JOHN:	You're ... daein ... *whit*?
MAGGIE:	It's true John. Jenny says ... ...
JOHN:	I'd an idea I wis the heid o this hoose.
MAGGIE:	John, listen! Jenny's got the key money, an she kens ... ...
JENNY:	I've a friend factors property; I can get ye a four room an kitchen, rare an open, near a park. An ... ... I'll can help ye wi the rent.
JOHN:	Oh, you'll can help wi the rent? Oh, very fine! Very fine! I'll fair enjoy havin ma rent paid by one o your fancy men.
JENNY:	Mammy, tell him why.
MAGGIE:	It's ... ... it's Bertie. The hospital's no lettin him back here.
JENNY:	It's rotten, this hoose. Rotten. Damp. Ye ken yersel. It's a midden lookin oot on ither middens. It's got rats, bugs, ...
MAGGIE:	No bugs, Jenny! We've never had bugs!
JENNY:	There's ithers roon aboot us that has. Daddy, if Bertie comes back here, he'll ... he'll never get better.
JOHN:	But ... but he's gettin on well. They tellt us that at the hospital. *(To Maggie)* Didn't they no?
MAGGIE:	*(Agitated)* Aye, but they did say something aboot it

	... asked me questions, the Lady Almoner did ... ...
JOHN:	Whit questions? Why did you no tell me aboot this?
MAGGIE:	I didna want ye worryin. I didna think there wis onythin tae be done.
JOHN:	If there is onythin tae be done, it'll be done by me.
LILY:	Well, why did ye no *dae* somethin? When wis you up at the Cooncil last aboot yer hoose? Yer hoose that's aye supposed tae be comin, *some* day. Trouble wi you, ye've nae fight in ye.
JOHN:	I tellt you tae keep oot o this!
LILY:	Why should I? Maggie's ma sister! An I've had tae fight hauf your battles for ye, John Morrison or the hale lot o ye would hae been oot on the street mair than once!

John cannot answer: his hatred of Lily and her truth turns his mouth to a grim line: his hands open and close, open and close. The others wait for him to speak.

MAGGIE:	*(With a placating smile and a note of pleading)* John, it's juist a wee help till we get a Cooncil hoose wi a wee bit garden at the front and a real green tae hang oot the washin.
JENNY:	*(Still holding her fat roll of notes now exhibits it)* I've got the cash. Ca it a loan if ye like.
MAGGIE:	There's plenty for the flittin and the key money.
JENNY:	Fifty pounds.

She comes forward and offers it to John.

JOHN:	Ye can tak that back tae yer fancy man. We're wantin nane o yer whore's winnins here.
MAGGIE:	*John!*
LILY:	*(Shouting)* It's no for *you*! It's for Bertie an the ither weans, ye pig-heided fool!
JOHN:	*(To Jenny)* If ye'd earned it, I'd be doon on ma knees tae ye. But ye're no better than a tart. We tried wur best tae bring you up respectable so's ye could marry a decent fella ... ...
JENNY:	Marry a decent fella! I never had a chance! Every time I got whit you would ca a decent fella an he saw me

hame frae the dancin, he'd tak one look at the close an
that's the last I'd see o him. Did you ever provide me
wi a hoose I could bring a decent fella hame to? Did
ye?

JOHN: I done ma best! There's naebody can ca me a
lay-about! I worked when there wis work tae get!

LILY: Oh, ye must mind, Jenny, he's no tae blame. Nae
man's ever tae blame. It's they dirty rotten buggers in
Parliament, or they stinkin rich bosses ... ...

JOHN: Haud yer rotten tongue, ye frozen bitch!

JENNY: (Sudden sour laugh) I've often thought the way it
would be when I came hame. I was gonna make up
for the way I left ye. An here we are, Christmas eve,
fightin ower ma ... whit is it? ... ma whore's winnins.
I've been savin an savin so's I could help ye, an mak
friends again, an be happy.

*She cries, head bent, standing forlornly before John
who looks down on her grimly. Maggie watches,
waits: then suddenly she stops combing her hair and
rises. She takes the money out of Jenny's hand and
interposes herself between them.*

MAGGIE: (With uncharacteristic force) An so we wull be happy!
Whore's winnins, did ye ca this? ... ... An did I hear
ye use the word "tart"? Whit wis I, when we was
coortin, but *your* tart? (John is startled and shocked.
In an urgent whisper, Maggie imitates the John of her
"coortin" days). Let me, Maggie, g'on, let me! I'll
mairry ye if onythin happens ... ...

JOHN: (A hurried, shamed glance towards Lily) Stop it,
Maggie! Stop it!

*He moves away from Maggie, but she follows, still
whispering. Lily, arms a-kimbo, eyes a-gleam, laughs
coarsely, and hugs herself.*

MAGGIE: Aye, I wis your whore. An I'd nae winnins that I can
mind o. But mebbe it's a right bein a whore if ye've
nae winnins. Is that the way it goes, John? (Pause.
She draws breath and her voice is now bitter) And
don't you kid yersel that I didna see the way ye
looked at yer ain son's wife trailin aboot the hoose wi

her breasts fa'in oot o her fancy claes. *(Coming right up to him and completing his humiliation before Lily and Jenny)* I'm no sae saft I didna ken why it wis *(Urgent whisper)* Maggie! Come on, quick, ben the back room ... lock the door ... it'll no tak minutes ... ...

JENNY: Mammy, Mammy! *Stop!*

John has sunk into a chair. He covers his face with his hands. There is a silence: Maggie's breathing loses its harshness: she looks down upon him: she sags.

MAGGIE: Aw ... aw ... *(She wipes her face with her hands and sighs)* Aw, I shouldna have said they things.

LILY: Why no? Ye wouldna hae said them if they wisna true.

MAGGIE: *(Shaking her head)* Naw. There's things atween husbands an wives shouldna be spoke aboot. I'm sorry. I lost ma heid.

JENNY: *(Kneeling at her father's feet)* Daddy ... ... Daddy ... ... forget it. It disnae matter. Daddy? *(She tries to draw his hands from his face)* When I wis wee, you loved me, an I loved you. Why can we no get back? *(He does not answer, but he lets her take one of his hands from his face and hold it in both of hers).*

MAGGIE: Dinna fret yersel, Jenny. I can manage him ... ... I can aye manage him.

She is still holding the roll of notes. She looks away into her long-ago dream and a smile breaks over her face.

(Very softly) Four rooms, did ye say, Jenny? *(Pause)* Four rooms. Four rooms ... an a park forbye! There'll be flowers come the spring!